땀은 배신하지 않습니다.

김병만

초판 42쇄 발행 2021년 1월 4일

지은이 김병만
발행인 황정필

제작총괄 현진희(초록공장)
사진 BM엔터테인먼트, 소목 외

발행처 실크로드
등록번호 제406-2510020100000035호
주소 경기도 파주시 광인사길 103, 303호
전화 031-955-6333~4 | **팩스** 031-955-6335
이메일 silkroad6333@hanmail.net

ⓒ 2011 김병만, 초록공장 저작권자와 맺은 특약에 따라 검인을 생략합니다.
ISBN 978-89-94893-15-0 03040

이 책은 저작권법에 따라 보호받는 저작물이므로 무단전재와 복제를 금지하며,
이 책 내용의 전부 또는 일부를 이용하려면 반드시 저작권자와 실크로드의
서면동의를 받아야 합니다.

값은 뒤표지에 있습니다. 잘못된 책은 구입하신 곳에서 바꾸어 드립니다.

김병만 달인정신
꿈이 있는 거북이는
지치지 않습니다

김병만 지음

실크로드
silkroad

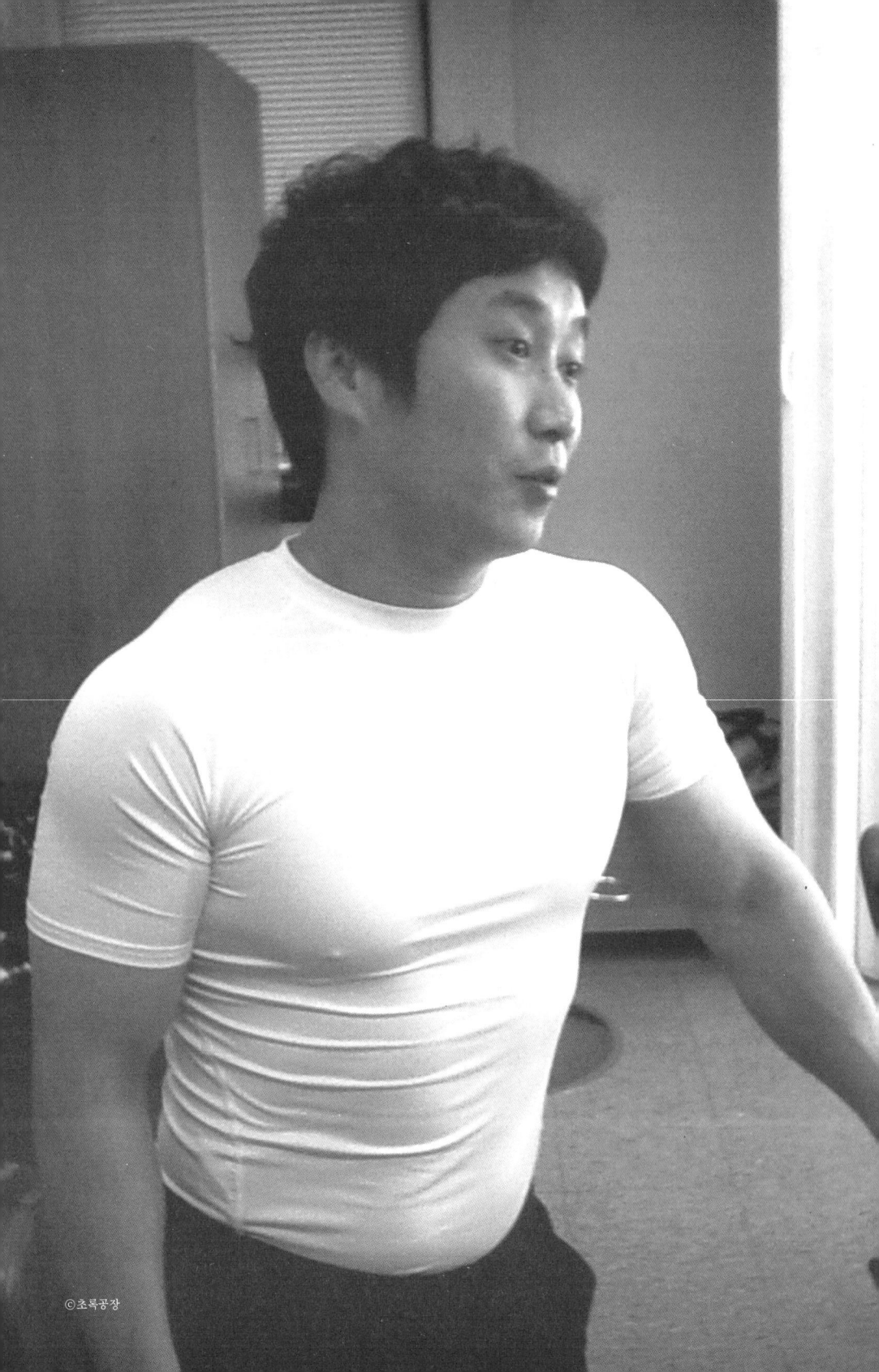

들어가며

나란 사람은 개그맨이 될 수 없나?
무작정 고향을 떠나 서울로 올라왔습니다. 손에는 연기학원 전화번호가 적힌 신문광고 쪼가리와 어머니께 받아낸 30만원이 전부였습니다. MBC 공채 개그맨 시험에 4번, KBS에 3번을 떨어졌습니다. 백제대 방송연예과 3번, 서울예전 연극과 6번, 전주우석대, 서일대, 명지대… 모두 떨어졌습니다. 오디션에서 입도 한번 못 열어보고 소품 챙겨서 나온 적도 있습니다. 집에서 아무리 열심히 웃기는 개그를 짜고, 수만 번 연습을 해도 오디션 심사위원 앞에만 서면 얼어버렸습니다.

좌절은 해도 포기는 안 했다.
잘 곳이 없어서 무대 위에서 많이 잤습니다. 공기가 너무 안 좋아서 목이 아플 때는 대학로 마로니에 공원에서 노숙을 했습니다. 공중화장실에서 몸을 씻다가 알몸으로 망신을 당하기도 하고, 계속 되는 오디션 탈락에 수면제도 모으고, 건물 옥상 난간에 서보기도 했습니다. 그러나 비참하게 좌절했지만 포기는 하지 않았습니다. 7번의 낙방 만에 KBS 공채 개그맨에 합격을 했습니다.

쉬지 말아야 한다.
무명 개그맨이었지만 무대에서 죽을 각오로 살았습니다. 동료 개그맨들이 무대에 올라가 준비한 모든 것을 마음껏 펼치는 모습이 부러웠습니다. 똑같은 시기에 데뷔했지만 동기들이 큰 인기를 얻고 유명해질 때 나는 못 웃겨서 무대에 설 기회가 없어지면 어쩌나하는 불안감에 단 하루도 쉴 수 없었습니다.

책을 내며

나는 거북이다.

요즘 강연을 해달라는 요청을 많이 받습니다. 행정안전부에서 강연을 하며 생긴 일입니다. 강연을 요청받았을 때 사양하다가 얼떨결에 승낙을 하기는 했지만 마음고생이 심했습니다. 코미디 행사라면 몰라도 공무원들 앞에서 강의를 한다고 생각하니 막막했습니다. 김병만의 오늘이 있기까지의 성공담을 얘기하면 된다고 했지만, 내가 뭐 그렇게 성공한 것도 없는데…. 고민을 거듭하다가 그냥 내가 살아온 얘기를 풀어놓자 싶었습니다.

'그래, 나는 엉금엉금 기어서 여기까지 왔잖아. 뛰지는 못하지만 쉬지 않고 계속 기어서 왔어. 한순간에 확 뜨는 사람은 중간에 여유를 부릴 수 있겠지. 나는 기어서라도 내 목표까지 가는 거잖아. 토끼와 거북이 이야기를 봐. 아무리 토끼가 빨라도 결국에는 거북이가 이겼잖아.'

남보다 많이 배운 것도, 가진 것도, 특별한 것도 없는 사람이 코미디의 한 장면을 위해서 어떻게 참고, 극복하고, 노력해 왔는지 그 과정을 얘기하기로 마음을 먹었습니다. 이 책에도 내가 살아온 과정이 가감없이 그려져 있습니다. 부끄럽고, 감추고 싶은 얘기도 있지만 삶에 지친 분들에게 작은 희망을 드릴 수 있다면 행복하겠습니다. 힘들어서 지치고, 외로움에 비참하고, 좌절하여 포기하고 싶은 분에게, 그럼에도 불구하고 묵묵히 자신의 길을 걷고 있는 분에게 이 책을 바칩니다.

차례

들어가며 쉬지 말아야 한다 · · · · · · · 7
책을내며 나는 거북이다 · · · · · · · · · · 8

PART1 가진 건 꿈밖에 없었습니다
맨발의 달인 김병만입니다

158.7로 길을 나서다 · · · · · · · · 17
단점을 탓하기보다 단점 때문에 더 노력한다

나란 사람은 개그맨이 될 수 없나 · · · · · 29
시도하는 것이 가능성이다

Love · · · · · · · · · · · · · · · · 41
진정한 사랑은 인생 최고의 추억

연극 무대에 오르다 · · · · · · · · · 53
벼랑 끝에서라도 돌아오면 된다

오디션, 오디션, 오디션 · · · · · · · 65
실수는 해도 포기는 안 한다

내가 살아가는 이유 · · · · · · · · · 75

PART2 될 때까지 했습니다
구사일생의 달인 김병만입니다

어머니 가슴에 못을 박고 · · · · · · · · · 79
꿈은 내 인생의 버팀목이다

사막에서 모래 찾기 · · · · · · · · · 91
실망은 기회의 다른 모습일 뿐이다

이정재보다 웃겨서 죄송합니다 · · · · · 101
담쟁이는 서두르지 않고 벽을 오른다

평생을 꿈꿨던 순간 · · · · · · · · · 113
세상의 중심에는 노력한 자가 있다

다음은 없다 · · · · · · · · · 121
땀은 배신하지 않는다

개그 명당으로 오시오 · · · · · · · · · 133
어려울 때 얻은 벗은 재산이다

공채 개그맨이 되던 날 · · · · · · · · · 141

PART3 쉬지 않고 했습니다
기록의 달인 김병만입니다

달인을 만나기까지 · · · · · · · · · 145
달인은 목표가 아니라 과정이다

개그에서 희극으로 · · · · · · · · · 155
흐르는 물은 썩지 않는다

진행자와 수제자 · · · · · · · · · 169
동료와 함께 발전하라

류담, 달인을 말하다 · · · · · · · · · 179
선배님, 밥 말아 드실래요?

노우진, 달인을 말하다 · · · · · · · · · 189
내가 사는 나라, 적어나라

'달인' 코너를 그만둘 때 · · · · · · · · · 198

PART4 기어서라도 가겠습니다
　　　　도전의 달인 김병만입니다

　한계 상황에서 · · · · · · · · · 203
　　도전은 한계를 넘기 위해 달리는 것이다

　실수에 대한 두려움으로 · · · · · 213
　　그래도 꿈을 향해 달려간다

　달인 보양식 · · · · · · · · · · 221
　　호기심은 에너지의 원천이다

　NG는 없다 · · · · · · · · · · 231
　　작은 힘일수록 한 곳으로 집중시켜라

　김병만식 코미디 · · · · · · · · 237
　　기록은 역사가 되어 남는다

　걸어온 길보다 걸어갈 길이 아직 멀다 · · · · · · · · 249

이응진, 배우 김병만을 말하다 · · · · · · · · 250
　날 웃기지 못하는 개그맨, 김병만 · 병만, 달인이 아니다
　병만 속에 들어있는 셰익스피어기법 · 병만, 신을 속였나?

PART1 가진 건 꿈밖에 없었습니다

앞날을 위해 '이렇게 가고, 저렇게 하면 되겠지.'라는 로드맵이 전혀 없었습니다. 길인지, 비탈인지, 낭떠러지인지 분간할 수 없는 길을 걸었습니다. 산다기보다 하루를 버텼습니다. 그런데 한순간 내 심장을 강타한 꿈이 나를 멈추게 했습니다.

158.7로 길을 나서다

**단점을 탓하기보다
단점 때문에 더 노력한다**

아, 키가 170만 됐으면….

TV 화면으로 봤을 때 작아 보이지 않고, 스피드도 안 떨어지면서 액션도 적당히 할 수 있는 최적의 신장이 170센티미터라고 생각했습니다. 키가 170 정도만 됐으면 좋았을 거라는 생각을 정말 많이 했습니다. 내 키는 158.7센티미터입니다. 소수점까지 소중한 숫자라서 키가 얼마냐고 물어보면 늘 158.7이라고 말합니다.

어려서부터 다 자랄 때까지 남들보다 계속 작았습니다. 유전적인 영향도 있는 것 같습니다. 가족이 모두 작았으니까요. 아버지 키가 157, 어머니가 158, 누나가 150, 여동생이 154, 막내 여동생이 160센티미터 정도입니다. 그래도 어려서는 '자라면서 키가 조금은 더 크겠지'라는 기대를 했습니다.

학교에서는 늘 키 작은 순서로 1번 아니면 2번이었습니다. 키가 워낙 작아서 어려서는 큰 친구들한테 많이 시달렸습니다. 나를 부하로 삼아 심부름을 시키려는 친구들이 많았습니다. 특히 입학할 때나 상급반으로 올라갈 때 심했습니다.

초등학교 때 매일 맞고 다녀서 얼굴이 성한 데가 없었습니다. 하루는 친구한테 맞아서 한쪽 코에 코피를 질질 흘리며 집에 들어갔습니다. 어머니가 방에서 나오면서 보고는 빗자루를 들고 뛰어나오는 겁니다. 어머니 성격이라면 당연히 나는, '우리 아들 누가 이랬어? 이놈을 그냥!'하며 때린 친구에게 쫓아가실 줄 알았는데, 아니었습니다. 타깃은 나였습니다. 멀쩡한 다른 쪽 코에서도 코피가 나도록 빗자루로 맞았습니다.

"이 썩을 놈아. 또 맞고 왔냐? 넘 먹는 거 다 먹이는데 넌 왜 이 모양이여? 손이 없냐, 발이 없냐."

나는 키가 작고 힘이 없으니까 친구한테 맞는 게 어쩔 수 없다고 생각했는데, 어머니는 싸움에 있어서 신체조건이 무슨 문제가 되냐는 것이었습니다.

"작아? 작다고? 작은 게 뭐? 힘이 없으면 돌로라도 찍어 이놈아, 내 책임질 텡께."

정말 길에서 돌을 하나 주워 주머니에 넣고 학교에 다녔습니다. 돌을 사용하지는 않았지만 친구들과 싸울 때는 악착같이 덤볐습니다. 키 큰 아이를 상대하려면 나는 키가 작으니까 더 높이 뛰고, 더 빠르게 움직여야 했습니다.

'맞고 집에 들어가면 어차피 어머니한테 더 심하게 맞는다.'

키에 대한 핸디캡을 전혀 인정하지 않는 어머니 때문에 나도 키가 작아서 맞았다는 생각을 지우게 됐습니다. 10대를 맞으면 한 대라도 때리고, 팔이 안 닿으면 물건을 던지면서 대들었습니다. 차츰 맞을 때보다 때릴 때가 많아졌습니다. 작은 키로 덩치 큰 아이들을 상대해서 잘 싸우니까 키 작은 아이들의 우상이 되기도 했습니다.

내 외모만 보고 얕보는 친구들을 상대로 싸움이 잦다보니 일이 커질 때도 있었습니다. 고등학교 때 분을 참지 못하고 교실에서 책상을 들어 던졌는데 그 사건이 커져 퇴학 위기까지 갔습니다. 선생님이 집에 전화를 걸어 어머니께 당신 아들이 사고를 많이 내니 시골 외딴 골짜기의 다른 학교로 전학을 시키라고 했습니다. 잔뜩 주눅이 들어 집에 갔는데,

"이 썩을 놈아, 때리고 다니랬다고…. 좀 작작혀라."
"죄송해요."
"알았으면 됐어. 걱정하지 말고 학교 가."

어머니는 선생님의 전화에도 학교에 가지 않고 굳건히 버텼습니다. 덕분에 나는 전학을 안 가고 무사히 졸업할 수 있었습니다. 그렇게 이를 악물고 싸우다보니 '키 작은 녀석이 싸움은 진짜 잘 하더라'고 소문이 났습니다. 괴롭히는 친구들도 없어지고, 오히려 키 크고 건장한 친구들이 나를 인정해주면서 주위에 많이 모여들었습니다.

개그맨이 되겠다고 서울로 올라와 꿈을 키울 때도 키 때문에 이를 악문 적이 있습니다. 나는 키가 작아서 불편한 게 없는데, 타

초등학교 졸업사진
꽃을 든 두 아이 중 작은 쪽이 나다.
또래 친구가 큰 형처럼 보인다.

가진 건 꿈밖에 없었습니다

인의 눈에는 작은 키가 늘 걸림돌로 보이는 듯 했습니다.

백제예술대를 떨어지고, 절치부심 끝에 신문에 난 연기학원 광고의 전화번호를 오려서 서울로 무작정 올라 왔습니다. 서울에 도착하자마자 바로 여의도에 있는 연기학원을 찾아가 등록을 했습니다. 그리고 영등포로터리에 있는 하숙집을 얻었습니다. 전세나 월세는 생각도 못했습니다. 그때 수중에는 서울에 올라올 때 어머니한테 받은 30만 원이 전부였는데, 그 돈으로 학원비와 하숙비를 내면 한 달밖에는 버틸 수 없었습니다.

한 달 뒤에는 아르바이트로 번 돈과 어머니가 식당일을 하며 부쳐준 몇만 원을 모아 겨우 사글세를 얻었습니다. 신길동 시장골목 한 구석에 있는 방이었는데, 보증금 없이 월 12만 원에 있기로 했습니다. 음식을 해 먹을 식기도 없었는데, 같이 무술을 배우던 친구가 냄비랑 반찬을 갖다 줬습니다. 연기에 도움이 된다고 해서 우슈 도장에도 다니고 있었습니다. 매일같이 라면을 끓여 먹으며 연기학원과 우슈도장을 다녔습니다.

연기 학원은 3개월 과정이었습니다. 학원생들은 대부분 서울에 살았습니다. 지방에서 온 학원생들도 집이 여유로워 보였습니다. 다들 외모가 깔끔했습니다. 그들은 학원을 다니면서 단역이나마 방송에 출연할 기회를 자주 얻었습니다. 나는 한 번도 캐스팅이 되지 못했습니다.

그럴수록 더 열심히 연기 연습을 했습니다. 대방역 앞에 있는 여의교에 서서 밤이면 소리를 지르며 발성연습을 했습니다. 집에서도 연습을 많이 했습니다. 사투리를 고치려고 밤이 새도록 발음연습을 했습니다. 밤에 이웃집에 피해를 주면 안 되니까 시끄럽지 않도록 이불을 뒤집어쓰고 소리를 냈습니다. 연습을 많이 해서 발성이 안정되니까 연기를 지도하는 선생님이 칭찬을 많이 했습니다.

"병만이 봐라. 저렇게 하는 거다."

연기 학원 다닌 지 3개월이 지나자 과정을 마무리하는 워크숍이 열렸습니다. 연기 학원은 3개월 코스였거든요. 내가 남자주인공을 맡아 열연한 끝에 워크숍에서 남자, 여자 각각 한 명에게만 주는 연기상을 받았습니다. 고모가 보러 왔는데 자랑스럽고 뿌듯해 했던 기억이 납니다.

학원을 수료하면서 원장님이 한 사람씩 면담을 해줬습니다. 앞으로 진로를 어떻게 해야 할지 조언도 해주고, 용기도 주는 그런 자리였습니다. 나도 차례가 되어 원장실에 들어갔습니다.

"병만아, 넌 키가 유난히 작아서 연기 활동하는 데 장애가 많을 거다."
"예?"
"넌 방송 출연은 어려울 거야. 방송 관련된 다른 일을 해보는 게 어떠냐?"

그 얘기를 듣는 순간 너무나 화가 치밀었습니다. 3개월 동안 가르쳐놓고는 겨우 한다는 소리가 '넌 안 돼.'라니요. 신문광고를 들고 꿈을 안고 찾아와서 온갖 고생을 참아가며 수료를 했는데, 원장님의 첫마디가 그랬습니다.

현실은 냉정했습니다. 아무리 수료생들 중 연기를 잘했다고 해도 방송 쪽에 설 기회는 없었습니다. 불쑥불쑥 처량한 생각이 들려 할 때마다 소리를 질러 물리쳤습니다. '아니, 난 될 거야. 나는 해낸다.'

병만아, 넌 키가 유난히 작아서
연기 활동하는 데 장애가 많을 거다.
넌 방송출연은 어려울 거야.

가진 건 꿈밖에 없었습니다

길을 찾아 나섰습니다. 내가 기초가 없고, 끼도 없고 그러니까 연극부터 시작하자. 연극이 연기의 기본이다. 연극부터 시작하자. 이렇게 생각하고 연극 무대를 알아봤습니다. 곧 같이 수료한 형이 추천해주어 자그마한 극단에 들어갈 기회가 오더군요.

극단에 들어가서는 낯가리고 내성적인 성격을 고치려고 노력했습니다. 평소에는 누구보다 웃기고 잘 놀다가도 멍석만 깔아주면 버벅거리고 마네킹처럼 서 있는 버릇을 고치려고 별 짓 다 했습니다.

개그맨을 지망하는 분들은 한번쯤 해봤겠지만, 지하철에서 철면피 연습을 많이 했습니다. 지하철을 탈 때면 승강장에서 큰 소리로, "줄 맞춰 가! 다리 바꿔 가! 계속 바꿔 가." 이러면서 걸어 다녔고, 자리에 앉아서는 앞 사람을 웃기려고 별 시늉을 다 했습니다.

열차 중간에 서서 승객들을 향해 큰 소리로 연설도 하고, 지하철 역사에서 신문지를 깔고 밤새 잠도 자보고요. 버스를 타면 가만히 앉아 있다가 바깥에 서있는 사람을 향해 이상한 표정을 지어 보였고요, 길을 걷다가도 중간에 이상한 포즈로 동상처럼 멈춰서 사람들의 반응을 보기도 했습니다.

연기를 좀 더 잘하고 싶었고, 내성적인 성격을 고치려고 노력하면서도 난 키가 작아서 안 될 거라는 생각은 절대 안 했습니다. 나는 어머니가 당신 아들이 키가 작다고 신세 한탄을 하는 것을 한 번도 본 적이 없습니다. 어머니한테 넌 키가 작아서 안 된다는 말을 단 한 번도 들은 적이 없습니다.

그래서인지 나도 키가 작아서 실패를 하거나, 키가 작아서 할 수 없는 일이 있을 거라는 생각을 하지 않았습니다. 작은 키는 지금도 콤플렉스지만 키를 탓하기보다는 키 때문에 더 노력합니다.

나란 사람은 개그맨이 될 수 없나
시도하는 것이 가능성이다

서울에 올라와 처음 얻은 독립공간은 월 10만 원짜리 하숙집이었습니다. 좁은 방이었는데 여러 사람과 같이 썼죠. 몇 달 후 형편이 더 어려워져서 더 싼 하숙집으로 들어갔습니다. 거기서 또 몇 달 동안 지내다가 아르바이트로 돈이 약간 들어오면서 보증금 없는 월 12만 원짜리 옥탑방으로 옮겼습니다.

그 옥탑방은 원래 옥상에 있는 물탱크 창고였습니다. 물탱크를 창고 위로 빼고 약간의 손을 거쳐 방으로 재탄생한 공간이었습니다. 난방이 전혀 안 돼서 겨울에는 추위가 심했습니다. 바닥에 전기장판을 깔고 자면 방 공기는 밖과 다름이 없었습니다.

잘 때 이불을 뒤집어쓰고 자다가 숨을 쉬기 위해 코만 내 놓고 자다가 코가 시리면 강아지처럼 손으로 코를 덮고 누워 잤습니다. 추위 때문에 밤새 뒤척이다 아침에 눈을 뜨면 천장에 고드름이 달려 있고 벽 가장자리가 온통 성에로 가득했습니다. 여기가 냉동실인지 방인지 구분이 안 될 정도였습니다.

아들 고생한다고 시골에서 어머니가 겨우 마련한 보증금을 보내주어 100만 원에 월 15만 원짜리 옥탑방으로 옮겼습니다. 옥탑방 중에서도 허름한 옥탑방이었지만 방에 얼음이 얼지는 않는, 그나마 서울 올라와서 제일 견디고 살 수 있을 만한 환경이었습니다. 하지만 그런 호사도 곧 끝났습니다.

집에 일이 생겨서 급하게 보증금을 빼야 했거든요. 당장 오갈 데 없이 지내다가 겨우 대방역 근처 지하방을 얻었습니다. 철거하기 직전의 집이라서 헐값이었습니다. 집이 곧 무너질 것 같았습니다. 아무도 세를 들려고 하지 않아서 방을 2칸 썼습니다.

그 이후로도 이사는 끝이 없었습니다. 1995년 상경해서 지금까지 이사한 횟수를 세어보니까 18번이 넘습니다. 돈이 없어서 그나마 얼마 못 가 방을 빼고, 다시 방 얻을 형편이 되지 않을 때는 대학로 극장의 무대 위에 보조석을 놓고 자기도 했습니다. 영화 '친구'를 보면 이런 노래가 나옵니다. '연극이 끝나고 난 뒤 혼자서 객석에 남아 조명이 꺼진 무대를 본 적이 있나요? 무대 위에 정적만이 남아있죠. 어둠만이 흐르고 있죠. 모두들 떠나버리고, 무대 위엔 정적만이 남아있죠. 고독만이 흐르고 있죠.'

내가 겪은 바로는 모두들 떠난 무대 위에는 정적과 고독뿐 아니라 엄청난 먼지가 흐릅니다. 연극이 끝나고 관객들을 퇴장시키면, 배우들과 스태프들이 뒷정리를 하고 퇴근합니다. 그러면 극단 막내인 나는 본격적으로 물걸레로 극장을 청소하기 시작합니다. 무대부터 객석까지 말끔히 닦고, 보조석을 무대 위로 옮긴 다음 누우면 극장을 가득 메운 먼지, 분진들이 적나라하게 보입니다. 어떻게 할 도리가 없으니 불을 끄고 그냥 자는 거지요.

몇 달 동안 이런 생활을 하니 기침이 심해지고, 감기 몸살이 떠나지 않았습니다. 목소리를 낼 수 없을 정도로 기침이 심했습니다. 아침이면 목이 잠겨 말을 할 수 없었습니다. 목에서 피가 나도록 기침을 해도 답답했습니다. 다른 데는 아파도 참겠지만 배우로서 목이 다치면 큰일이다 싶었습니다. 극단 지하 창고로 옮겨 몇 달을 지냈습니다.

그런데 형편이 그랬어도 남한테 아쉬운 소리를 잘 못했습니다. 아주 가까운 친구들이 아니면 내 사정을 잘 몰랐습니다. 몇몇 이 먼저 눈치를 채고는 자기 집으로 데려가기도 했습니다. 그래서 논현동 친구네, 남양주 친구네, 평택 친구네에도 얼마간 있었습니다. 그때는 비를 피할 수 있는 장소면 어디든 짐을 풀었습니다.

극단 공연과 오디션에 집중하다보니 아르바이트 할 시간은 많지 않았습니다. 어머니가 1, 2만 원씩 틈틈이 부쳐주고, 고향에서 친구 현성이김현성가 돈 생길 때마다 조금씩 부쳐주는 돈으로 겨우 하루를 버티며 살았습니다. 밥 먹을 돈이 없을 때가 더 많았습니다.

체육관을 운영하는 형이 있었는데, 내가 발차기를 하는 걸 보고 반했습니다. 체육관에 와서 학생들한테 발차기 좀 가르쳐줄 수 없냐고 했습니다. 어려서 운동과 무술을 계속해 왔지만 단증이 있는 상태는 아니었기 때문에 거절했습니다. 하지만 나처럼 발차기를 예술적으로 하는 사람은 선수 중에도 본 적이 없다며 꼭 사범으로 와달라고 했습니다. 발차기만 가르치는데, 돈을 받을 수는 없어서 체육관에서 잠만 잘 수 있게 해달라고 했습니다.

그 형이 매일 1500원짜리 도시락을 시켜서 먹었는데, 내가 점심을 굶는 걸 알고는 2개 시킬 여유는 없으니까 자기 도시락을 반으로 나눠 나한테 줬습니다. 한창 왕성한 나이라 자기도 배가 많이 고팠을 텐데 그렇게 하는 모습을 보고 얼마나 고마운 마음이었는지 모릅니다.

밤에는 하루 종일 수많은 학생들이 땀 흘리며 뒹굴던 매트를 깔고 잤습니다. 냄새도 심하고, 무엇보다 피부가 가려워 잠을 자기 힘들었습니다. 체육관이 열악해서 샤워시설이 없었습니다. 여름이어서 씻고 싶은 생각이 간절했습니다. 객지 생활을 돈 없이 하다보니 매일 샤워할 곳도 마땅치 않았습니다. 새벽 3시 정도에 일어나서 '이때쯤이면 건물에 사람이 없겠지?' 싶어서 아래층 공중화장실에 갔습니다.

세면기에 찬물을 틀어놓고 목욕을 하기 시작했습니다. 큰 화장실도 아니고 계단 중간에 있는 1평 남짓한 공간이었습니다. 층마다 화장실이 있었는데, 낮에는 화장실 문을 잠갔지만 밤에는 건물 입구를 막기 때문에 청소가 쉽도록 열어놓았습니다. 건물에 사람이 별로 없는 새벽 시간에 가서 샤워를 하고 체육관으로 올라와 잤습니다.

어느 날 목욕을 하고 있는데 화장실 문이 갑자기 벌컥 열렸습니다. 옷을 다 벗은 상태였습니다. 문을 등지고 서 있었는데, 뒤에서 벼락같은 소리가 들렸습니다.

"여기서 뭐 하는 거야!"

도저히 돌아볼 엄두가 나지 않았습니다. 그대로 고개를 숙인 채 말도 한마디 못 하고 서있는데, 다시 고함이 시작되었습니다.

"여기서 뭐하는 거냐고!"

알몸으로 등지고 선 채 10분이 넘도록 욕을 얻어먹었습니다. 겨우 고개만 약간 돌려 죄송하다는 말을 하려는데 그분과 눈이 마주쳤습니다. 건물 관리인 아저씨였습니다. 그 경멸의 눈빛이 지금도 잊히지 않습니다. 나는 강렬한 그 눈빛에 얼어붙어 계속 그렇게 서 있었고, 관리인 아저씨는 문을 쾅 닫고 갔습니다. 그리고 들리는 말소리.

"에이, 그지 같은…."

발소리가 멀어지자 눈물이 나더군요.

방이 없이 어떻게 객지 생활을 하냐며 어머니가 보증금을 보내와 얻은 옥탑방은 구조가 특이했습니다. 화장실이 따로 없고 싱크대와 변기가 나란히 붙어있었습니다. 변기 옆으로 겨우 허리 정도만 가릴 정도의 합판 하나를 세워뒀고요.

주인집 아주머니가 옥상에 올라올 때 변기에 앉아 일을 보고 있으면 합판이 낮아 눈이 마주치고 그랬습니다. 처음에는 부끄러워 최대한 몸을 숙였는데, 나중에는 자연스럽게 눈인사까지 하는 경지에 이르렀습니다.

집에 보증금을 보내기 위해 그 옥탑방에서 급하게 이사를 할 때의 일입니다. 낮에는 극단에 일이 많았기 때문에 이사를 하기 어려웠습니다. 공연이 끝나고 돌아와 한밤중에 짐을 쌌습니다. 이리저리 옮겨 다닐 때라 짐은 많지 않아서, 큰 가방으로 하나 정도 됐습니다. 급하게 방을 빼느라 살 곳을 정하지 못해 짐 둘 곳이 없으니까 일단 시골집으로 갖다 놓기로 했습니다. 트럭을 빌려 새벽에 운전을 해서 시골집에 들렀다가 다시 운전해서 아침까지 올라와 극단으로 가자는 계획이었습니다.

공연이 끝나고 청소와 마무리를 하고 집에 돌아갔을 때니까 그때가 새벽 2시 정도 됐습니다. 주인집과는 미리 얘기를 해놓은 터라 따로 인사는 안 하고, 조용히 큰 가방을 들고 대문을 나섰습니다. 그리고 이웃들이 잠을 깰까봐 조심스럽게 트럭에 짐을 놓고 돌아서는데 갑자기 경찰이 들이닥쳤습니다.

도둑이 분명하다는 강한 의심의 눈빛으로 나를 보면서 짐을 풀어보라고 했습니다. 돈이 없어서 대책도 없이 보증금을 빼서 나가는 형편이고, 내일 밤에는 잘 곳 없는 처지가 되는데 도둑 누명까지 쓰니까 억울했지만 한편으로는 웃음이 났습니다. 야심한 밤에 발소리를 조심하면서 짐을 한 보따리 내다가 트럭에 싣고 있는 내 몰골을 보면 아마 나도 신고를 했을 겁니다.

몇 달을 집 없이 전전하다가 겨우 돈을 마련해서 다시 옥탑방을 얻었습니다. 전보다 더 형편없는 모양이었지만 멀리 여의도의 방송국이 내려다 보여서 마음에 들었습니다. 아침에 일어나서 나갈 때와 잠자러 들어가기 전에 한 번씩 방송국을 보며 다짐을 했습니다.

'난 저기 꼭 들어간다.'

방세와 교통비를 하면 밥값도 모자랐기 때문에 술 생각이 나도 참아야 했습니다. 안주는커녕 소주 한 병 살 돈이 없었습니다. 어느 날 소주 생각이 간절했는데 참고 집으로 가는 새벽에 쓰레기 더미에 소주병이 보였습니다.

'이거다.'

번개처럼 소주병을 주웠습니다. 그리고 미친 사람처럼 동네를 돌아다니며 병을 주워 모았습니다. 딱 소주 한 병 값이 되면 슈퍼에 가서 빈 병을 소주로 바꾸어 마셨습니다.

안주도 없이 강술을 마실 때면 가끔 눈물을 줄줄 흘렸습니다. 취기가 오르면 거울을 보면서 혼자 얘기를 많이 했습니다.

"나란 사람은 개그맨이 될 수 없나?"
"아니야, 나 못나지 않았어."

"너 왜 이렇게 사냐?"
"괜찮아. 지금은 이렇지만 꼭 희극배우가 될 거야."

당시 개그맨 중에 극단에서 정통 연기를 배우는 사람은 나밖에 없었습니다. 대학로에서 공연을 하는 개그 지망생들은 모두 개그무대에 섰습니다. 내 꿈은 방송에 나가 개그맨이 되는 거였지만 결국 최종 목표는 희극배우였습니다. 예전에 구봉서 선생님, 배삼룡 선생님이 그랬듯이 영화나 드라마 등에서 멋진 코믹 연기를 펼치는 게 꿈이었습니다. 꼭 주연이 아니더라도 감칠 맛 나는 조연도 좋았습니다. 최종원, 임하룡, 이문식 선배님같이 화면에 나오길 시청자들이 기다리는 배우가 되고 싶었습니다.

어느 날 극단에서 배우 최종원 선생님이 쓴 책을 우연히 봤습니다. 잘 모르는 분이었는데 '형, 이건 연극이 아닐지도 몰라.'라는 제목이 눈에 띄어 집으로 가지고 와 읽기 시작했습니다. 광부 출신 연극배우 최종원 선생님의 인생이 담긴 자전 에세이였습니다. '나의 운명이 탄광촌 광부로 정해진 것으로 여겨졌던

학창시절. 나는 친구 둘과 함께 태백을 뛰쳐나와, 꿈에도 그리던…'으로 시작되는 이야기였습니다. 읽다보니까 밤을 새서 읽게 되었습니다. 책을 읽고 그렇게 감명을 받은 적은 처음이었습니다. '이 분은 나보다 더 밑바닥에서 시작했구나. 인생 막장이라는 탄광 생활을 접고 연극에 입문했구나. '마누라 죽이기' 킬러 연기가 그냥 나온 게 아니었구나.'

그 새벽, 옥탑방에서 멀리 방송국의 불빛을 보고 다시 다짐을 했습니다.

"방송국, 기다려라. 지금은 내가 여기서 너를 보지만, 언젠가는 방송국에서 여기를 볼 날이 있을 거다."

Love

**진정한 사랑은
인생 최고의 추억**

'달인'은 크라이슬러Fritz Kreisler의 '사랑의 기쁨Liebesfreud'이 흘러나오며 시작합니다. 위대한 바이올리니스트이며 작곡가인 크라이슬러가 빈 지방의 민요를 왈츠 곡으로 만든 겁니다. 밝고 단아한 느낌을 줍니다. 나에게도 사랑의 기쁨을 알려준 한 아가씨가 있었습니다. 고3 졸업 무렵의 겨울입니다. 생애 중 가장 아름다운 순간이었던 것 같습니다.

누구나 그렇겠지만 첫사랑 얘기를 하면 지금도 가슴이 설렙니다. 그때 간혹 친구들이 미팅도 나가고 여자친구도 만나고 그랬지만, 나와는 거리가 먼 일이었습니다. 또래 여자 친구도 한번 만난 적이 없었는데, 연인을 만난다는 것은 상상도 못 할 일이었죠. 그런데 첫사랑은 정말 생각지 못한 순간에 다가왔습니다.

고3 졸업을 앞둔 늦겨울에 건설 현장에 파견되어 근무를 하기 시작했습니다. 맨 처음에는 아파트 전기 설비 쪽에서 일을 했습니다. 한두 달 뒤에는 통신 설비 쪽으로 일을 바꾸어 하고 있었습니다. 힘든 '노가다' 일이었기 때문에 겨울을 지나 초봄이었어도 땀이 많이 났습니다. 친구와 말을 주고받으며 4층 난간에 앉아 땀을 식히고 있었습니다.

아파트 건설할 때 층을 올리면 판을 대고 콘크리트를 붓고, 다시 한층 올리고 콘크리트를 붓습니다. 판 양쪽에는 나사를 연결해 조여 놓습니다. 콘크리트가 굳으면 나사를 풀어 판을 빼냅니다. 콘크리트를 부은 곳 옆으로 판이 삐져나와 있는 공간이 있습니다. 거기에 내가 앉아 있었고, 친구는 뒤에 서 있었습니다. 베란다가 될 자리였기 때문에 그 아래는 낭떠러지나 다름없었습니다.

무서움이 없었기 때문에 별 생각 없이 자주 앉던 자립니다. 난간이라 불어오는 바람이 그렇게 시원할 수 없었습니다. 같이 일하던 친구는 아찔하다면서 내 뒤쪽으로 벽에 기대서 얘기를 나누고 그랬습니다. 내가 장난으로 같이 앉자고 하면 와서 힐끔 보고는 고개를 설레설레 흔들었습니다.

그날도 그렇게 앉아 쉬다가 점심을 먹으러 가려고 일어섰습니다. 고정시킨 나사를 잡고 일어서는데, 힘없이 쑥 빠지는 겁니다. 콘크리트가 굳어서 판을 빼내려고 조여 있던 나사를 풀어놓았던 모양입니다. '휘청' 하면서 중심을 잃고 그대로 바닥으로 추락을 했습니다. 떨어지면서 친구와 눈이 마주쳤는데, 아마 나와 똑같은 생각을 했을 겁니다.

'이게 죽는 거구나.'

4층 이상의 높이뿐 아니라, 바닥에는 심어 놓은 철근이 삐죽삐죽 나와 있었습니다. 그대로 떨어지면 몸에 철근이 박혀 살 가망이 없었던 겁니다. 너무 놀라서 소리도 나오지 않았습니다. 떨어지다가 어느 순간 중간에 머리를 '쾅' 하고 부딪쳤습니다. 건물 옆으로 나와 있는 안전바에 부딪친 겁니다. 본능적으로 운동신경이 있어서였는지 손을 크게 휘저어 팔로 안전바를 감았습니다.

하지만 내려가던 속도가 있어서 팔이 밀리면서 몸은 튕겨나갔고, 내 몸이 빙글 돌면서 다시 아래로 추락했습니다. 몸이 회전하면서 의식을 잃었습니다. 나중에 들으니 철근을 심어놓은 자리에서 불과 30센티미터도 되지 않은 곳에 떨어졌다고 합니다.

기절했다가 깨어보니 병원이었습니다. 두개골이 골절되는 중상을 입었지만 외상이 없어서 출혈은 없었습니다. 얼굴에 긁힌 사잘한 상처 외에는 겉으로 보기에 멀쩡했습니다. 몸도 일어나서 걸어 다녀도 될 만큼 별 이상을 못 느꼈습니다.

환자복이 어색해서 '추리닝'으로 갈아입고 스트레칭을 하면서 시간을 보내고 있었습니다. 같은 병실에 있는 환자분들은 뭐 저런 놈이 있냐는 표정으로 보면서 누워 있었습니다.

병실 문이 열리며 간호사분들이 들어왔습니다. 간호과 학생들이 실습하려고 병원에 나와 5명씩 한꺼번에 병실에 다니고 있었던 겁니다. 또래 여자 친구들을 생전 만나본 적 없는 촌놈이 5명이나 되는 여학생들이 들어오니 완전 얼어버렸죠. 하지만 그들 중 유독 한 명만 제대로 얼굴이 보이는 거예요. 다른 사람들은 안 보이고, 그 한 명만 보였어요. 가슴이 막 울렁거리고….

실습을 나온 간호과 학생들은 다른 환자분들한테는 말도 붙이고, 주사도 놔주고 그러는데, 나는 외면하고 그냥 지나쳐 버리는 겁니다. 환자였지만 그래도 깔끔한 모습을 보여야겠다 싶어서 옷도 멋지게 입고 있고, 얼굴 상처도 안 보이게 매일 닦고 기

고등학교 3학년 졸업할 무렵 훈련원에서

다녔습니다. 그런데 어쩐 일인지 늘 나만 그냥 지나쳤습니다. 고민하다가 내가 뭐 잘못했나 싶어서 나중에 다른 간호사님한테 물어보니 트레이닝복을 입고 있어서 문병 온 사람인줄 알았답니다.

오해를 풀고, 덕분에 조금 가까워졌습니다. 돌도 씹어 먹을 소화력이었지만, 괜히 소화가 안 된다며 '소화제 좀 갖다 주세요', 업어 가도 모를 만큼 깊이 잠들면서도 괜히 잠이 안 온다며 '잠깐 와주세요.' 라며 그 한눈에 반한 그녀, 간호 실습생을 불렀습니다. 한번이라도 더 보고 싶어서요. 정작 오면 말도 한마디 못 꺼내고, 무뚝뚝한 표정으로 얼굴만 슬쩍 보고는 돌아눕고 그랬습니다.

병원에 입원한 지 3달이 지나 퇴원을 앞두게 되자 마음이 급해졌습니다. 그런 감정을 난생 처음 느끼는 거라 어쩌지도 못하고 속으로만 앓고 있었는데, 더 이상 시간이 없었습니다.

퇴원하기 이틀 전에 비장의 각오를 하고 쪽지에 전화번호를 적었습니다. 손이 덜덜 떨렸습니다. 그녀에게 쪽지를 건네 줬습니다. 말도 없이. 지금 생각하면 너무 순진했습니다만 말이 목에

걸려 밖으로 나오질 않았습니다.

그렇게 말도 제대로 못 붙이고, 쪽지 한 장 남긴 채 퇴원을 했습니다. 일을 하면서도 그녀 생각에 온통 신경이 전화에 가 있고, '전화가 오겠냐?' 싶은 마음에 속도 상하고 그랬습니다. 그런데 꿈처럼 그녀에게서 안부전화가 왔습니다. 뛸 듯이 기뻐하며 얘기를 나누고, 나도 가끔 전화하고, 아주 가끔 만나고 그랬습니다.

친구들을 소집했습니다. 친구들한테 얘기하니까 난리가 났습니다. 그러면서 어서 사귀라는 겁니다. 나는 놀라서 물었습니다.

"이게 지금 사귀는 거 아니냐?"
"뭐? 너, 사귀자는 프러포즈는 했냐?"
"아니, 그게 뭔데?"
"너, 프러포즈도 모르냐?"
"어떻게 하는 건데?"

진짜 바보였습니다. 갑자기 우울해지고, 어서 프러포즈를 해야겠다는 생각을 했습니다. 눈치를 보면서 때를 기다리는데, 그녀가 내 생일 선물로 학을 천 마리 접어서 줬습니다. 바로 친구들을 또 소집했습니다.

"야, 여자들은 그냥 막 아무한테나 학 접어서 선물로 주냐?"
"왜?"
"아니, 학 천 마리를 그냥 친구한테 접어서 선물로 주냐고?"
"아닌 거 같다."
"그럼 얘가 나한테 학 접어 줬으면 혹시 나 좋아하는 걸로 봐도 되냐?"

학 천 마리에 용기를 얻어 그녀에게 고백을 했습니다.

"나, 저기… 너 저기… 좋아하는데, 넌 저기… 어떠냐?"

긴장으로 가슴이 터질 것 같은데, 누르고 고백을 하려니 말이 잘 나오지 않았습니다.

"만나는 오빠 있어."

담담하게 거절을 당했습니다.

나 실은 너 사랑했었어.
너 그때 나 좋아하지도 않으면서 학은 왜 줬냐?

가진 건 꿈밖에 없었습니다

"정말 있어?"

"응."

"그랬구나."

시간이 한참 흐르고 개그맨이 된 뒤에 방송 프로그램을 통해 그녀를 다시 만났습니다. 그리고 물어봤습니다.

"나 실은 너 사랑했었어. 근데 너 그때 나 좋아하지도 않으면서 학은 왜 줬냐?"

"좋아했으니까."

"남자로?"

"응."

"근데 왜 사귀는 오빠 있다고 했어?"

"그때 갑자기 그렇게 됐어."

내가 고백하기 며칠 전에 남자다웠던 어떤 오빠가 그녀에게 반해서 과감하게 대시를 했던 겁니다. '사랑의 기쁨Liebesfreud'이 '사랑의 슬픔Liebesleid'되어 버렸습니다만 지금도 아련한 추억으로 가슴깊이 간직하고 있습니다.

1995년. 연기학원에 다닐 때

연극 무대에 오르다
**벼랑 끝에서라도
돌아오면 된다**

1996년 겨울, 연기학원에서 만난 형이 대학로에 있는 작은 극단에 추천해줘서 찾아갔습니다. 그때 극장에서는 '나 쫄병 맞아?'라는 공연을 하고 있었습니다. 연극 '나 쫄병 맞아?'는 초연 이후 30만 명의 관객을 동원한 베스트 공연입니다. 군대에서 일어나는 에피소드를 코믹하게 펼칩니다.

줄거리는 이렇습니다. 한 내무반에 신병이 들어 왔는데 사회에서 '깡패생활 2년, 건달생활 3년'을 한 폭력배였습니다. 그 위에 일병은 '뺀질이' 스타일이고, 상병은 순박하지만 좀 모자란 캐릭터입니다. 병장은 무게를 잡지만 약삭빠른 스타일입니다. 병장이 조직폭력배 출신인 이병의 군기를 잡기 위해 상병을 부추깁니다. 상병은 병장과 일병이 도와줄 것으로 믿고 신병의 군기를 잡지만 되레 실컷 맞습니다.

처음 극단에 들어가면 바로 무대에 서지 못합니다. 적어도 3, 4년은 돼야 주요 배역을 맡을 수 있습니다. 그 전에는 청소를 하고, 포스터를 붙이고, 매표소에서 표도 받고 또 선배들이 하는 공연을 보면서 관객들도 안내합니다.

극단에 들어간 지 한 달쯤 됐을 때 상병 역할을 맡은 선배가 급하게 일이 생겨 연극을 계속할 수 없게 됐습니다. 극단도 작은 규모였고, 시일도 촉박해서 배우를 찾기 쉽지 않았습니다. 연출자는 상병이 전라도 사투리를 써야 했고, 배우도 없으니 나더러 연기를 한번 흉내 내어 보라고 했습니다.

"니는 퍼뜩 가가꼬 사시미로 회나 쳐부러라. 오널 이 목포의 불쏘시개가 팍 불질러 버릴랑께. 거기 신뺑! 이리 튀어와부러. 어허 동작봐라, 안튀? 니가 사회에서 을매나 잘나갔는지는 몰러도 여그는 군대여. 군대는 계급이고 서열은 짬밥 순이다 이거여. 앗따, 눈을 부라려야 이것이."

공연을 계속 봤으니까 대사는 다 외우고 있었습니다. 내 전라도 사투리는 그야말로 '원어민' 수준이었습니다. 선배들은, '어? 얘, 맛깔나게 잘 하네?'라며 바로 2주 동안 집중 연습을 시키고 무대에 올렸습니다. 내 데뷔 무대였습니다. 무대에 오르니 관객들이 하나도 보이지 않았습니다. 연습을 하긴 했지만 로봇처럼 기계적으로 움직였습니다.

무대에 올라가서는 짜인 대로 어색하게 걸어가서 대사를 하고, 다시 어색하게 다른 위치로 몇 발짝 더 갔다가 어색한 걸음으로 나왔습니다. 감정을 실어서 연기를 하지 못하고 몸에 힘이 잔뜩 들어갔습니다. 긴장했다가 무대에서 내려오면 다리에 힘이 풀려 그대로 쓰러졌습니다.

두 번째 작품은 블랙코미디 '돈 내지 맙시다'였습니다. 다리오 포 Dario Fo.의 '안 내놔? 못 내놔!Non si paga, non si paga!'를 각색한 작품입니다. 이 작품은 신랄한 사회 풍자를 담고 있습니다. 인플레이션으로 물가가 폭등하면서 경제가 어려워지자 평범한 시민들도 도둑으로 바뀌어 가는 에피소드를 담고 있습니다. 주연을 맡아 1인 3역을 했는데, 마지막 공연 때 관객들에게 기립 박수를 받았습니다.

공연을 마친 후 지하철을 타고 가다가 알아보는 관객분께 첫 사인을 해준 기억이 남아있습니다. 연극을 2년째 하면서 재미를 알게 됐습니다. 어떤 표정을 하면 관객이 웃고, 어떤 대사에 반응을 하는지 보이기 시작했습니다. 연극이 끝나면 선배들과 항상 술을 마시며 공연에 대해 토론했습니다.

그때 '돈 내지 맙시다'의 연출자가 배우 장우진씨였습니다. 우진이 형이라고 부르며 내가 많이 따랐습니다. 내 첫 연기 스승이라고 할 수 있습니다. 그 형은 최불암씨 같은 유명한 배우와 대극장에서 공연하며 연출도 맡아서 하는 분이었습니다. 형이 가는 곳은 어디든 따라 다니며 안목을 넓혔습니다.

나는 운동을 해서 그런지 어렸을 때부터 습관적으로 가슴을 내밀고, 고개를 젖히고 다녔습니다. 어떻게 보면 참 건방져 보이는 모습이라서 우진이 형이 볼 때마다 어깨, 등을 쳐서 자세를 고쳐주었습니다. 또 사투리 쓸 때마다 지적해주었습니다. 특히 술을 마시면 밤새 연기 얘기를 많이 해주었습니다. 나는 술이 깨면 잊을까봐 술 마시면서도 한마디도 놓치지 않으려고 다 받아 적었습니다. 아침에 일어나면 깨알같이 빼곡하게 노트가 채워져 있었습니다.

"사람을 관찰해야 한다. 사람마다 캐릭터가 다 있어. 지하철역에 하루 종일 앉아 있어봐. 지나가는 사람들을 유심히 보는 거야. 캐릭터를 파악해봐. 모르는 사람을 모델로 연구를 해서 나름대로 가상의 한 인물을 만들어 보는 거야. 만약 '청소부'였다면 청소부 역할을 만들어서 그의 이야기로 한 편의 스토리를 만들어 보는 거다. 그렇게 캐릭터를 파악하는 능력을 키워야 해."

"방에 불을 다 끈 상태에서 사물을 봐라. 눈으로 보는 대신 몸으로 느끼면서 사물을 보는 거야. 눈으로 보는 사물의 형체와 다른 것을 보게 된다. 마임의 느낌도 얻을 수 있어."

"대학로에 있는 극단을 모두 알아와. 극단 대표가 누구고, 배우는 누가 있는지 외워와. 송강호 선배는 어디 출신이냐? 연우무대 출신 배우를 다 외워봐."

연극 무대 선배들의 가르침은 연기의 과정들을 이론적으로 설명할 수 있고, 연기를 발전시킬 수 있는 계기가 되었습니다. 몇 년을 고생하며 소극장에서 연기한 덕분에 몇 년 후 큰 극단의 연습생으로 들어갈 수 있었습니다. 정일성 대표의 극단 미학이었습니다. 그런데 정통 배우의 길 앞에서 뜻밖의 제안을 받았습

블랙코미디 '돈 내지 맙시다'에서 1인 3역을 했다.
사진 중간 경찰 복장이 나다.

Part 1 맨발의 달인 김병만

니다.

배우 몇 명이 모여 공연장을 열고 지속적으로 작품을 올릴 예정인데, 같이 해보겠냐는 것입니다. 잘 아는 선배들도 모이고, 존경하는 Y씨가 주관하는 워크숍이라 좋은 기회가 온 것 같아 두말 않고 따라 나섰습니다. 멤버가 6명 정도 됐는데, Y씨는 시골 골짜기에 있는 식당을 극장으로 개조해서 관객을 초대하고, 연극 '이수일과 심순애'를 올린다고 했습니다.

꿈에 부풀어서 공사를 도왔습니다. 인테리어 전문가가 일하는 솜씨가 대단하다며 인테리어 쪽으로 직업을 바꿀 생각이 없냐는 말까지 들을 정도로 열심히 했습니다. 정말 계속해서 진지하게 묻는 통에, "아뇨. 저는 개그 할 겁니다."라고 했습니다.

식당을 전부 개조하고 이틀 뒤 열릴 공연을 준비했습니다. 그런데 Y씨는 어렵게 말을 꺼냈습니다.

"연극도 좋지만, 생활부터 하고 봐야겠다."

예상한 것보다 자금이 많이 부족했던 것 같습니다.

"돈 없이 뭘 할 수 있겠냐. 다시 식당으로 바꾸자. 돈 벌어서 제대로 하자."

밤잠을 설치며 무대를 다 만들었지만 그 말에 다시 식당으로 개조를 할 수밖에 없었습니다. 왠지 일이 꼬이는 것 같아 마음이 좋지 않았지만 결국 꿈을 위한 과정이니까 마음을 다잡고 다시 삽을 들었습니다. 인테리어 공사할 자금도 없어서, 식당으로 다시 개조하는 건 내가 맡았습니다. 지난 번 무대 개조 공사 때 쓴 장비를 모아 내 손으로 식당을 만들었습니다.

Y씨는 식당에서 무슨 음식을 팔아야 할지 고민했습니다. 나도 곰곰이 생각한 끝에 추어탕집을 추천했습니다. 우리 어머니가 식당에서 20년 가까이 일했는데 추어탕 끓이는 솜씨가 일품이었습니다. 그동안 공연을 하지 않았기 때문에 생활비가 없어서 막막했고, 서울에 다시 집을 마련할 돈도 없었고, 극단도 관둔 상태였기 때문에 식당이 잘돼야 내일을 꿈꿀 수 있는 상황이었습니다.

월급도 없이 계속 식당 일만 도와주다보니 돈이 없어서 건물 파쇄 일을 맡아서 하기도 했습니다. 건물을 허물고 그 건축 쓰레기를 치워주는 일입니다. 일당으로 8만 원 정도를 벌 수 있었습니다. 시골에서 어머니가 올라와서 식당을 열었고, 나는 옆에서 일을 도왔습니다. 나무도 해다 나르고, 불도 피우고 몇 달 동안 열심히 일한 덕분에 장사가 제법 잘 됐습니다.

그런데 그 정도로는 부족했나 봅니다. 자금난이 더 심해졌는지 인건비를 줄여야 한다는 말을 들었습니다. 인건비라면 어머니 월급 얘기였습니다. 고향에 잘 계시다가 아들 때문에 올라와서 힘들게 식당을 맡아 자리를 잡아놨는데, 너무 면목이 없었습니다. 어머니 짐을 쌌습니다.

마음이 무거웠습니다. 어머니가 없으니 추어탕은 팔지 못하고, 곰탕집으로 메뉴를 바꿨습니다. 손님이 없어서 점점 식당은 폐업 직전이 되었습니다. Y씨도 완전히 지쳐 자포자기했습니다. 워크숍 공연을 위해 모였는데 무대에 한번 서 보지도 못하고 배우들은 흩어졌습니다.

게다가 나는 그 무렵 KBS 개그맨 공채시험에 응시하여 1차에 붙었지만, 2차 시험을 보지 못했습니다. 공사와 식당개업을 하고 일손이 바쁘니 오디션을 포기해 달라는 부탁을 Y씨가 했기 때문입니다. 오디션 낙방을 수도 없이 겪은 터라 남다른 합격이었는데, 억울하고 분하고 서글프고 좌절감이 밀려왔습니다. 포기하고 싶은 마음이 다시 고개를 들려고 했습니다.

그즈음 Y씨를 지원해주려는 분이 식당에 방문을 했습니다. Y씨와 술을 마시다가 일이 틀어졌는지, 험한 말이 오갔습니다. 급기야 Y씨가 폭력을 휘두르기 시작했습니다. 술이 취한 데다가 유일하게 믿었던 일도 틀어지니까 이성을 잃은 것 같았습니다. 맞은 분이 피를 흘리며 쓰러지길래 내가 달려가서 Y씨를 막았습니다. 나도 힘든 상태였기 때문에 감정이 격해져 Y씨한테 소리를 질렀습니다. 가슴에 담아 참고 참았던 응어리가 터져나왔습니다.

"아, 그만해. 그만 하라고요! 이게 뭐하는 겁니까? 이러려고 여기까지 들어왔어요?"

다친 분을 병원에 데려다주고 그 길로 짐을 싸서 식당을 나왔습니다. 일이 안 풀리는 걸 옆에서 봐온 선배와 술을 마시며 마음을 다스리려고 했지만 감정을 주체할 수 없었습니다. 극단 미학도 포기했고, KBS 공채 시험도 포기한 길이었는데 남은 게 없었습니다. 술잔을 내려놓고 갑자기 일어나 부엌에서 칼을 가져왔습니다. 그걸 선배와 나 사이에 탁 내려놓고 앉았습니다.

"형, 나랑 내기 할까? 나 성공 못 할 것 같아? 아냐, 나 돼. 나 될 거야. 개그맨으로 성공 못 하면 나…."

그때는 다잡지 않으면 내가 나를 버릴 것 같았습니다.

오디션, 오디션, 오디션
실수는 해도 포기는 안 한다

집에서 점심을 먹다가 숟가락을 떨어뜨릴 정도로 놀란 적이 있습니다. 건설현장에서 하루는 24시간을 일하고, 하루는 쉬는 2교대 근무를 하면서 차츰 사회에 자리를 잡아가던 때였죠. 쉬는 날에 점심을 먹으며 TV를 보고 있는데, '스타예감'이라는 프로그램을 하고 있었어요. 1994년도에 시작한 '스타예감'은 '슈퍼스타K', '위대한 탄생'처럼 끼 있는 사람을 발굴해 내는 원조 오디션 프로그램이었습니다.

직업훈련원에 다닐 때 판소리 잘하는 친구가 있었어요. 오락시간만 되면 주목을 받던 녀석이었죠. 그날 밥 먹으면서 걔가 TV

에 나온 걸 봤습니다. 재미있게 잘 해서 2등을 했습니다. 나는 어려서부터 코미디언의 꿈은 있었지만 꿈을 위해 어떻게 할 수 있는 방법이 없었어요. 아니 몰랐어요. 살던 곳도 시골이었고, 연기학원도 없었고, 꿈을 향해 갈 수 있는 방법조차도 몰랐어요. 당장 집에 빚이 쌓여가고, 생활이 막막하니까 내가 한 푼이라도 벌어서 집에 도움이 돼야 했으니까 나는 당연히 학교 졸업해서 직장을 구하는 것에 최선을 다하던 시절이거든요.

그런데 그 친구가 방송에 나온 거예요. 내 꿈인 그 곳에 서있는 거예요. 얼마나 충격이었는지 밥 먹다가 숟가락 놓고, 멍하게 앉아 있었어요. 학교 다닐 때 그 친구도 유명했지만 그 친구는 좀 점잖은 편이었고, 나는 항상 전교를 웃음바다로 뒤집어 놓았습니다.

나는 단순하게 웃긴다기보다는 기상천외한 일을 벌이며 친구들의 시선을 사로잡는 신기한 녀석이었어요. 계단으로 안 다니고 배수관으로 3, 4층을 오르내리는 식이었죠. 키는 작았지만 운동과 무술을 했고, 주변 친구들이 모두 학교에서 한 가닥 하는 녀석들이어서 내가 학교에 가면 다들 내 행동에 기대하는 시선을 보내는 걸 느낄 정도였습니다.

그때는 내가 더 웃겼는데….

그런 일이 있고 얼마 후에 백제대학교를 들어간 후배가 나를 찾아와 축제 때 놀러오라고 했습니다. 하루 쉬는 날 맞춰 학교에 갔는데, 축제 사회를 오디션 프로그램에 나왔던 그 친구가 보고 있었습니다. 만나보니 재수를 해서 백제대학교 전통예술과를 다니고 있었습니다.

"병만아, 오랜만이다."
"너 방송 나온 거 봤다. 어떻게 된 거냐?"
"봤냐? 나 2등 했잖아. 그때 나도 네 생각이 났어. 너 재밌잖아. 한번 도전해봐."
"난 대학도 못 들어갔는데, 방법이 없잖아."
"너도 대학 들어오면 되지. 방송연예과에 도전해봐라."
"학교 다닐 때 공부도 안 했는데 되겠냐?"
"백제대는 실기위주니까 상관없다. 실기 60에 내신 40이야. 넌 실기 잘하니까 해봐."

친구 말에 용기가 나더군요. 끼만 믿고 회사를 그만 뒀습니다. 겨울에 대입 시험에 도전한 겁니다. 친구들이 많이 도와줬습니다. 방송에 나왔던 그 친구는 개그를 같이 짜주고, 연기도 지도해 줬고요, 후배들은 오디션 당일 입을 옷을 코디해 줬습니다. 그나마 시골에서 옷 잘 입는다는 후배들이었죠. 지금 생각하면 얼굴이 붉어질 정도로 창피한 '날라리' 패션이었지만, 옷은 교복과 체육복밖에 모르던 때라 멋져보였습니다.

당시 백제대학교에서 방송예술과가 가장 경쟁률이 높았습니다. 오디션 시험장에 '딱' 들어갔습니다. 교수님이 두 분 앉아 계셨습니다. 나는 긴장을 너무 심하게 해서 머릿속이 하얀 상태였습니다. 말도 안 되게 성대모사를 하고, 연기도 어설프게 막 해버렸어요. 느낌이 전혀 없이 외운 대사만 줄줄이 외우는 식이었죠. 소리도 잘 안 나왔어요. 그 잘하는 텀블링도 안 되는 거예요. 교수님이 질문을 했습니다.

"뭐 지망하고 싶어요?"
"개…그…지망."
"어디 사십니까?"
"여…기요."
"여기요? 대학에 살아요?"
"아, 아니요. 동…네에…."

계속 되는 질문에 동문서답하고 마네킹처럼 서있다 나왔습니다. 당연히 결과는 낙방이었습니다. 얼마나 창피했는지 말도 못합니다. 정말 화가 날 정도로 자존심을 크게 다쳤습니다.

야, 내가 그냥 인정받을 수 있게 까불 수 있는 사람은 못 되는구나.
난 정말 우물 안 개구리였구나.
나는 진짜 비^非웃긴 놈이구나.

직장도 관두고 한 준비였는데 결과가 이렇게 참담하니 며칠을 충격 속에서 보내다가 친구 현성이^{김현성}를 찾아 갔습니다. 현성이는 정말 의지하면서 지내던 친구입니다. 친구가 같이 있어야 했어요. 그 친구랑 동네 냇가에 앉아서 캔맥주를 나눠 마셨어요.

"나 서울 올라갈련다."

현성이는 그냥 웃더라고요.

"올라가서 뭘 하려고?"
"개그. 개그맨 못 되면 난 죽어서 내려온다."

진심이었습니다. 그때는 상황이 그 정도로 비장했습니다. 현성이는 말리더군요. 서울에 나처럼 방송인의 꿈을 가지고 올라갔다가 실패한 친구가 있었거든요. 그 친구 얘기를 하면서 말렸습니다.

"너 서울에 아는 사람도 없고, 가본 적도 거의 없잖아. 혼자 어떻게 하려고 그러냐? 괜히 고생하고 사람 망가진다."
"현성아, 근데 난 마음먹었어."

말려도 소용없을 걸 알기에 그때부터 친구는 응원을 해줬습니다. 기억하고 싶지 않은 첫 오디션의 충격을 뒤로하고 서울로 올라왔습니다. 연기학원에 다니면서 서울예술전문대학 연극과에 지원했습니다. 하지만 오디션 장에만 서면 나는 로봇으로 변했습니다. 감정이입 없이 기계처럼 대사만 줄줄 외우고 나오는 식이었고, 심할 때는 대사조차 기억 못 해서 심사위원 얼굴 보고 그냥 서있기도 했습니다. 그래도 매년 시험은 꼭 봤습니다. 6년을 떨어졌죠. 서울예전만 6번.

서일대, 명지대, 전주우석대 등 실기 점수가 높은 대학은 다 봤지만 모두 낙방을 했습니다. 백제대학교는 그 후에도 3번이나 떨어진 끝에 합격했습니다.

방송이나 영화 공채 오디션도 마찬가지였습니다. MBC 개그맨 공채 오디션에서는 문을 열고 시험장에 들어갔는데, 또 머릿속이 하얀 거예요. 준비해 간 개그가 하나도 기억이 안나요. 들고 들어갔던 소품을 주섬주섬 챙겨 입 한 번 못 떼고 그냥 나왔습니다.

다음해 MBC 오디션을 다시 봤는데, 2명의 심사위원만 있더군요. 자신은 없었지만, 큰 소리로 힘차게 했기 때문인지 1차에 붙었습니다. 2차 오디션을 보러 가서 문을 열고 들어가니까, 이번에는 심사위원이 6명이나 앉아있는 거예요. 그 뒤로 개그맨 선배들이 병풍처럼 죽 서있고요. 순간 완전히 얼어버렸습니다. 또 로봇처럼 기계적으로 외운 대사를 줄줄 읊조리고 텀블링을 하다가 뒤통수를 바닥에 부딪치고 나왔습니다. 그렇게 MBC 공채에 4번을 떨어졌습니다.

KBS는 개그맨 공채 자격이 전문대졸 이상이었기 때문에 시험을 볼 자격도 없었습니다. 그런데 그 무렵 공채 자격이 고졸 이상으로 바뀌었습니다. 기쁜 마음에 KBS에도 가서 오디션을 봤습니다. 하지만 거기서도 마찬가지였습니다. 계속 떨어졌습니다. 내리 3번을 떨어졌습니다. 영화 오디션도 응시하는 것마다 떨어졌습니다.

학교 다닐 때는 전교를 들었다 놓을 만큼 웃기던 놈이, 연극 무대에서 기립 박수까지 받았던 놈이 왜 오디션 장에만 들어가면

고등학교 3학년 수학여행. 어렸을 때부터 근육이 남달랐다.

얼어붙어서 10%도 제대로 보여주지 못하고 나오는 건가? 비참한 좌절감에 생활고까지 겹쳐 앞이 보이지 않았습니다. 가슴이 답답할 때가 많았습니다. 어느 날 밤 옥상 난간에 올라서서 하늘을 보며 엉엉 울었습니다. 그러면서 갑자기 이런 생각이 드는 거예요.

이대로 한발 앞으로 나갈까?

약국을 돌아다니며 수면제 40알을 모은 적도 있었습니다. 그렇게 죽고 싶을 정도로 좌절했습니다. 정말 나처럼 낙방을 많이 하는 사람이 있을까 싶었습니다. 오죽했으면 같이 연극하던 선배가 "너처럼 운 없는 놈은 세상에 태어나 처음 본다."고 할 정도였습니다. 하지만 여의도 방송국의 불빛이 화려하게 빛나는 밤, 멀리 대방동 옥탑방 난간에 선 나는 엉엉 통곡을 하면서도 결국에는 마음을 다잡고, 발길을 돌렸습니다.

내가 살아가는 이유

요즘 언제쯤 결혼을 할 예정이냐는 질문을 종종 받습니다. 사실, 결혼 생각은 아직 없습니다. 누나와 여동생들이 결혼을 일찍 했고, 아버지는 치매 때문에 요양원에서 생활하니까 고향집에 어머니만 남아 있습니다. 가족끼리 떨어져 지내는 날이 많았고, 형편이 어려워서 대화조차 할 여유가 없이 자랐습니다. 지금 급한 것은 가족이 안정적으로 지낼 수 있도록 내가 도움을 주는 겁니다. 결혼보다는 가족이 우선입니다. 가족은 내 전재산이고 살아가는 이유입니다.

PART2 될 때까지 했습니다

첫 낙방의 쓴 잔을 안긴 백제예술대 연극영화과를 시작으로 서울예술전문대는 6번, MBC 공채 개그맨 오디션 4번, KBS는 3번을 떨어졌습니다. 하지만 포기하지 않았고 결국 KBS 17기 공채 개그맨이 되었습니다.

어머니 가슴에 못을 박고
꿈은 내 인생의 버팀목이다

대방역 인근에 철거를 앞둔 집은 방세가 쌌습니다. 게다가 지하방은 더더욱 쌌습니다. 대낮에도 빛이 전혀 들지 않는 어두컴컴한 지하방에서 라면을 끓이기 시작했습니다. 밥은 물론이고 라면도 살 돈이 없어서 일부러 양을 많게 하려고 라면을 불려먹던 시절이었습니다. 거의 죽이 될 때까지 불렸다가 먹었습니다. 딱딱하게 굳은 밥이라도 있으면 김치랑 같이 끓여서 라면죽을 만들어 먹었습니다. 사골국물을 내듯 라면을 고아 먹었다고 해야 할 것 같습니다.

라면을 끓여서 평소처럼 맛있게 먹고 있는데, 갑자기 나도 모르게 눈물이 주르륵 흘렀습니다. 며칠 전 MBC 공채 개그맨 시험에 떨어졌지만 이미 지난 일이라고 생각하고 마음을 다독인 뒤였고, 특별한 일이 없던 평소와 다름없는 날이었습니다. 퀴퀴한 냄새가 밴 지하방에서 상도 없이 방바닥에 신문을 깔고, 친구에게 빌린 냄비로 라면을 끓여먹고 앉아있는 그 모습이 벽에 세워둔 거울에 비치고 있었습니다.

손등으로 눈을 한번 쓱 훔치고, 코를 한번 시원하게 풀고는 다시 라면을 집어 입에 넣는데 봇물이 터지듯 눈물이 쏟아졌습니다. 그리고 온몸이 덜덜 떨릴 정도로 감정을 주체할 수 없이 눈물이 계속 났습니다. 라면 국물과 눈물과 콧물이 입에 문 면발을 타고 턱으로 목으로 바지로 떨어져도 눈물을 닦을 생각도 못하고 오열했습니다.

지금도 왜 그렇게 갑자기 울기 시작했는지 모르겠습니다. 아마도 내 자신이 채워지지 않았기 때문이 아닌가 합니다. 준비가 아무것도 되어있지 않다고 생각했으니까요. 앞날을 위해 '이렇게 가고, 저렇게 가서, 요렇게 하면 되겠지.'라는 로드맵을 전혀 세울 수가 없을 때였습니다. 길인지 비탈인지 낭떠러지인지 분간할 수 없는 길을 가고 있었던 겁니다. 하루하루 산다기보다 버티는.

그 무렵 한 번 더 심하게 울었던 기억이 있습니다. 공연이 끝나면 선배들과 모여 술자리를 갖는 날이 많았습니다. 보통 자정을 훌쩍 넘긴 시간에 마무리가 되었는데, 대중교통이 끊겨 대학로에서 대방동 지하방까지 오려면 택시를 타야했습니다. 택시를 타면 일주일 교통비가 날아갔기 때문에 길에서 밤을 새고 새벽 첫 버스를 기다렸습니다.

노숙이 자주 있는 일이었기 때문에 익숙하게 마로니에 공원 한쪽에 자리를 잡고 누웠습니다. 피곤해서 곯아떨어져 자고 있는데 등이 시원한 거예요. 벌떡 일어났습니다.

'어, 뭐지?'

일어나서 보니까 비가 오기 시작한 겁니다. 빗물에 옷이 젖은 겁니다.

'온몸이 비에 다 젖도록 자고 있었구나.'

갑자기 전화기를 꺼내서 어머니한테 전화를 했습니다.

"엄마, 나를 왜 이렇게 가난하게 만들었어!"
"엄마, 난 빽도 없고 이게 뭐야?"
"엄마, 말 좀 해봐. 나 이렇게 살아야 돼?"
"세상이 다 거지같아."
"엄마, 엄마? 엄마!"

길 한 복판에서 한밤중에 미친놈처럼 울면서 어머니한테 악다구니를 해댔습니다. 자다가 전화를 받은 어머니는 한참을 잠자코 듣다가 딱 한 마디를 했습니다.

"미안하다."

그건, 미안한 게 아니잖아요? 내가 큰 죄를 지을 소리를 한 겁니다. 어머니 가슴에 못을 박는 소리를….

나는 전라북도 완주군 화산면의 작은 산골 마을에서 태어났습니다. 할아버지는 큰 산과 토지를 가진 부농으로 결혼한 자식들에게 넉넉하게 재산을 물려주었습니다. 내가 태어나고 얼마 되지 않아 아버지는 포항에 가서 사업을 하려다 3년 만에 완전 알거지가 돼서 고향으로 다시 돌아왔습니다. 빈털터리가 된 우리 가족이 살 만한 집은 시골에도 없었습니다. 겨우 셋방을 얻어

3살 때 큰집 마당이다. 형편이 어려워 큰집에서 함께 살기도 했다.

지냈습니다. 그 산골 마을에서도 우리는 10번이 넘게 이사를 해야 했습니다.

아버지는 집을 지어 파는 건축 사업을 벌였지만 얼마 못 가 문을 닫았습니다. 큰 돈사를 지어 돼지를 길렀는데, 그것도 판로가 막혀 큰 손해를 봤습니다. 돈사를 닫으면서 아버지가 돼지를 직접 잡았습니다. 그리고 어머니가 함지박에 돼지고기를 담아 전주까지 팔러 다니기도 했습니다. 영농자금을 얻어서 농사를 지었는데, 태풍이 와서 엉망이 된 아픈 기억도 있습니다. 하는 일마다 안 됐기 때문에 빚은 늘어만 갔습니다.

내가 초등학교 5학년 때 어머니가 자궁암 수술을 받았습니다. 그때 어린 누나가 살림을 해야 했는데, 누나도 많이 아파서 학교에 가지 못했습니다. 그 후 누나는 집안 형편이 어려워서 학교에 다시 다니지 못하고, 봉제공장으로 일을 하러 나갔습니다.

어린 마음에 내가 어떻게 해서라도 가족을 지켜주고 싶다는 생각을 많이 했습니다. 그래서 산토끼도 잡으면 어머니한테 드리고, 잉어도 잡아 집에 갖다 주고 그랬습니다. 신기한 물건이 생기면 집으로 달려갔습니다.

중학교에 들어가고 나서도 집안 형편이 어려워 어머니가 늘 이웃집에 내 학비를 꾸러 다닌 기억이 많이 납니다. 어머니가 장날이면 읍내 버스터미널 앞에서 호박, 마늘 같은 야채를 가지고 나와서 팔았는데, 방과 후 집에 가는 길에 어머니를 보면 창피해서 멀리 돌아서 집에 가고 그랬습니다.

고등학교 1학년 때 우리 마을에는 집이 5채가 있었습니다. 그 당시 정부에서 새 집을 지을 수 있도록 지원을 해주는 제도가 있었는데 우리만 빼고 마을 사람들 모두가 고개 너머 마을로 새 집을 지어 이주를 했습니다. 결국 혼자 남은 우리 가족도 무리를 해서 그 동네로 집을 지어 이사를 했습니다. 어머니가 새 집에 예쁘게 화단을 꾸미고 무척 좋아했습니다.

하지만 집을 지을 때 얻은 빚은 고스란히 부담이 되어, 이자를 갚아나가다 힘에 겨워 남은 땅도 다 팔고, 결국 새로 지은 그 집도 빚으로 넘어갔습니다. 어머니는 새 집에서 이사할 때 울다 실신했습니다. '내 인생에서 이런 집에 또다시 살 수 있겠냐.'며 한탄하던 모습이 기억납니다. 그때 속으로 언젠가 다시 이런 공간을 꼭 마련해 드려야겠다고 다짐했습니다.

거의 유일한 가족사진 (시계방향으로 아버지, 어머니, 나, 여동생들, 누나)

나중에 개그맨이 되어 그 동네에 땅을 구입했습니다. 711평쯤 됩니다. 거기에 어머니 집을 지어 드리려고 했는데, 땅을 구입하자마자 아버지가 대장암 수술을 받고, 또 치매로 건강이 나빠지면서 기회를 놓쳤습니다. 언젠가는 꼭 어머니 집을 지어 드리고 싶습니다.

지금 나는 건국대 대학원에서 건축을 공부하고 있습니다. 특수대학원에 지원할 수도 있었지만 일반대학원으로 시험을 쳐서 들어갔습니다. 면접을 볼 때 안형준 교수님이 '연예인이 이 대학원에 지원한 게 개교 이후 처음이다. 왜 건축대학원에 지원했냐?'는 질문을 했습니다. 사실 학부에서 건축을 전공한 학생도 따라가기 벅찬 학과인데, 내가 지원한 사실이 무척 황당했을 겁니다.

"나는 정말 건축을 알고 싶어서 왔습니다."

그랬습니다. 건축을 알고 싶었습니다. 그래서 어머니 집도 더 잘 지어드리고 싶었고, 개그맨으로서 개그 전용관도 지어보고 싶었습니다. 가끔 스케줄 때문에 결석을 할 때가 있습니다. 그럴 때는 수업시간이 끝나도 갑니다. 안형준 교수님 앞에 혼자 앉아서 1대 1로 수업을 듣습니다. 술잔을 놓고 밤을 새며 건축 수업과 인생수업을 병행할 때도 있습니다.

"병만아, 나는 '성공했다'도 없고, '실패했다'도 없다고 생각해. 실패가 뭔가? 자기가 원치 않는 결과가 나왔을 때 실패했다고 말하지. 실패가 규정되어 있나? 한정되어 있나? 내가 실패라고 인정하지 않으면 실패가 아닌 거야. 원하지 않는 결과가 나왔더라도 자기가 어떤 만족을 느꼈다면 실패라고 할 수 없는 거야. 고생도 마찬가지다. 고생이라고 생각 안 하면 고생이 아닌 거야. 세상에는 말이야…."

교수님의 강의를 들으면 더 큰 세상을 보게 되고 더 좋은 삶의 공간을 상상할 수 있습니다.

우리 가족이 같이 살았던 마지막 공간은 그 동네에서 가장 허름한 400만 원짜리 빈 집이었습니다. 새로 지은 집이 빚으로 넘어간 다음 들어간 곳입니다. 나는 서울에서 연극을 하고 있을 때였는데 내려가서 아버지와 집을 고쳤습니다. 그 집은 마당도 없었지만 어머니는 화단을 만들어 넝쿨 장미를 심고 가꿨습니다. 나중에 그 집에서 아버지는 혼자 살았습니다. 어머니는 멀리 식당에 일을 하러 다녔습니다.

집도 빚에 쪼들리고 있었는데, 나까지 돈도 못 벌고 어머니 신세를 지게 되는 게 정말 슬플 때가 많았습니다. 식당일을 오래 해서 관절이 다 상한 어머니. 어머니를 생각하면 늘 가슴이 아픕니다. 그렇지만 어려운 일이 있거나 정말 힘들어 지칠 때가 있으면 나는 어머니를 떠올립니다. 연기자로서의 나의 꿈은 희극배우지만 아들로서의 꿈은 어머니를 기쁘게 해드리는 겁니다.

사막에서 모래 찾기
**실망은 기회의
다른 모습일 뿐이다**

한밤중에 양복 입고 한강에 들어가 보셨어요? 고향 냇가에서 수영할 때와는 너무 달랐습니다. 난생 처음 들어가 봤으니 물살이 그렇게 센지 몰랐죠. 수영에는 자신이 있었는데 아찔했습니다. 한강에서 죽을 뻔 했습니다. 그때가 서울에 올라와 연극을 한 지 4년 정도 됐을 땝니다.

고향집도 생활이 날로 어려워지면서 어머니가 부쳐주던 1, 2만 원도 끊기고, 당장 교통비도 없는 나날이 위태위태하게 계속됐습니다. 일이 새벽 1, 2시에나 마무리가 되었으니까, 잠자는 시간을 쪼개어 아르바이트를 했습니다. 새벽 시간에 할 수 있는 일이 마땅치 않았습니다. 사람이면 최소한 2, 3시간은 잠을 자야 살 수 있으니까요.

신문배달 일을 알게 됐습니다. 새벽 2시에서 4시까지 배달하면 됐기 때문에 내 시간과 딱 들어맞았습니다. 매일 할 수 있었기 때문에 월급도 몇십만 원쯤 됐고, 무엇보다 고정적인 수입이 생긴다는 게 다행스러웠습니다. 이런 일이 있다는 것만으로도 마음이 참 부자가 된 것 같았습니다.

스피드에는 자신이 있었으니까 발로 뛰며 열심히 배달을 했습니다. 땀에 흠뻑 젖어 옥탑방에 가면 씻고, 좀 쉬었다가 9시에 극단에 나갔습니다. 먹는 것도 시원치 않고, 일도 고되고, 잠도 거의 못 자는 황폐한 시절이었지만 내 모든 열정과 시간을 모두 바쳐 제대로 배우의 길을 간다는 마음으로 버텼습니다. 배우가 되고 싶은 열망이 삶을 지탱해 주었습니다.

그 무렵 나는 극단 미학에 연습생으로 들어갔습니다. 전에 있던 작은 소극장과는 여러 면에서 큰 차이가 있었습니다. 무엇보다 큰 극단이다 보니 유명한 분들이 많았습니다. 믿고 따르는 장우진 형도 미학의 배우로 소속됐습니다.

극단에 당시 인기 탤런트였던 K선배가 있었는데, 매니저가 그만 둬서 사람을 찾고 있었습니다. 우진이 형이 '너 방송일 배우고 싶냐?'고 내게 물었습니다. K선배는 방송을 많이 하는 분이므로 같이 다니면 안목도 넓어질 것이고, 정통 배우니까 연기 지도도 받을 수 있을 거라는 생각이 들었습니다. 무엇보다 내가 믿는 우진이 형이 소개한 일이니까 해야겠다싶어 어렵게 들어간 극단 미학을 그만두고 매니저가 되었습니다.

K선배 매니저를 한다는 것은 나에게는 큰 영광이었습니다. 비록 직함은 매니저였지만 실상은 운전기사였다고 봐야 하지만 말입니다. 그때 면허증을 딴 지 얼마 안 됐을 때였는데, 운동신경이 있어서인지 운전에 무리는 없었습니다. K선배는 월급으로 80만 원을 제안했습니다. 한 달에 80만 원이면 신문배달을 안 해도 살 수 있겠구나. 밤에 잠을 잘 수 있겠구나. 돈 걱정 없이 지낼 수 있겠구나 싶었습니다.

하지만 나는 K선배를 통해 진정한 연기를 배우고 싶어서 스승으로 모신다는 마음이었기 때문에 월급을 거절했습니다. 아마 K선배는 내가 당장 잘 곳이 마땅치 않아 이곳저곳을 전전하고, 먹을 밥이 없을 만큼 생활이 어려운 상태라는 걸 몰랐을 겁니다.

K선배가 가는 드라마 촬영장을 다니고, 개인적인 스케줄까지 같이했습니다. 나는 한번 '이 사람이다'라고 믿게 되면 정말 죽을 때까지 같이 간다는 마음으로 대합니다. 무슨 일이든 하겠다는 각오로 K선배를 돕기 위해 최선을 다했습니다. 겁도 없이 한강에 뛰어들었다가 죽을 뻔 했던 그날도 오직 K선배를 위한 마음에서였습니다. 평소 K선배는 낚시를 좋아했습니다. K선배와 선배의 친구가 한강에 밤낚시를 갔습니다. 매니저로서 나도 함께 가서 이것저것 심부름을 해주었습니다.

낚싯대를 드리우고 손맛을 기다리고 있는데, 한강 상태가 예사롭지 않았던 겁니다. K선배가 감이 오는 순간 낚싯줄을 당겼는데, 낚싯바늘이 무언가에 걸리면서 빠져버리고, 빈 낚싯줄만 올라왔습니다. 연거푸 3번이나 그런 상황이 계속 됐습니다. 평소 아끼는 낚싯바늘이었는지 기분이 많이 가라앉은 모양이었습니다. K선배 친구는 덩달아 김이 빠져버린 듯 했습니다. 분위기도 살리고, 낚시도 즐겁게 할 수 있도록 내가 나섰습니다.

"선배, 제가 들어가서 낚싯바늘 찾아올까요?"

"말도 안 되는 소리 하지 마."
"정말이에요. 제가 낚싯바늘 찾아오나 못 하나 만 원 내기 하실래요?"

선배의 친구도 어이없어 하며 농담으로 받아들였습니다.

"낮도 아니고 한밤중에 장비도 없이 한강에 들어가서 낚싯바늘을 찾아온다고요?"
"사막에서 모래 찾기죠."
"하하하 이 사람아, 모래밭에서 바늘 찾기지."
"한번 보실래요?"

수영이라면 자신이 있었기 때문에 낚싯줄이 있던 지점으로 들어가서 무언가에 걸린 낚싯바늘만 빼내오면 될 거라고 생각했습니다. 설마 하는 두 분을 뒤에 두고 입고 있던 양복 윗저고리만 벗고 물로 첨벙 다이빙을 했습니다.

"어? 이거…."

물에 들어가자마자 물이 엄청 차가웠습니다. 뼈가 시릴 정도로

한밤중에 장비도 없이 한강에 들어가
서 낚싯바늘을 찾아온다고요?

Part 2 구사일생의 달인 김병만

찼습니다. 물살에 밀려 제대로 있기 힘들었고, 한치 앞도 안 보이는 까만 물속에서 누군가 정말 몸을 아래로 끌어당기는 오싹한 느낌을 받았습니다. 낚싯바늘은커녕 내 몸도 가누기 힘들었습니다. 호흡도 조절이 힘들어서 물 위로 올라왔습니다. 머리만 수면 위로 내밀고 잠시 숨을 골랐습니다. 그것보라는 듯 K선배는 그냥 올라오라고 손짓을 했지만, 나는 그 모습을 보고 오기가 발동하기 시작했습니다. 내가 꼭 저 두 사람에게 강렬한 인상을 남기리라. 다시 암흑 속으로 들어갔습니다.

앞은 전혀 보이지 않았기 때문에 손을 휘저어서 닿는 것이 있는지 살피기 시작했습니다. 낚싯바늘 같은 것은 없었습니다. 밖에서는 시간이 경과해도 내가 나오지 않자 차츰 초조해지기 시작했나 봅니다. 호흡을 하기 위해 다시 머리를 수면 위로 내밀자 놀란 K선배와 그 친구는 소리를 지르며 나오라고 아우성이었습니다.

"병만아, 됐어. 그만하면 됐다."

나는 천천히 뭍으로 올라갔습니다. 안심한 그분들은 기분 좋게 웃으며 고맙다고 했습니다. 가서 뜨끈한 국물로 마무리 하자며

짐을 챙기기 시작했습니다. 옆에서 나는 조용히 옷을 벗었습니다. 셔츠와 바지를 벗었습니다. 그리고 곧장 다시 물속으로 다이빙을 했습니다.

"앗, 저 친구…."

뒷말은 못 들었습니다. 찬 물에 이가 덜덜 떨렸습니다. 다시 낚싯바늘을 찾기 시작했습니다. 사실상 불가능한 일이었는데, 어쩐 일인지 손에 낚싯바늘 촉감이 닿는 순간이 있었습니다. 앞을 헤치고 찬찬히 손을 더듬으니 정말 낚싯바늘이 있었습니다. 낚싯바늘을 얼른 채가지고 물 위로 올라왔습니다. 갈 준비를 다 마치고 강물을 바라보던 K선배와 눈이 마주쳤습니다.

천천히 헤엄쳐서 뭍으로 다시 올라가서는,
"선배, 만 원 주세요."

K선배와 그 친구는 정말 이게 사람인가 하는 경이로운 표정으로 나를 봤습니다.

방송국 다니는 것도 즐거웠고, K선배와도 많이 친해졌지만 1년

만에 매니저를 그만두고 연극판으로 돌아갔습니다. 방송국 견학이 목표가 아니고, 진정한 배우가 되는 길을 배우고, 남들과 얘기할 때 제대로 말할 수 있는 화술을 익히고 싶어서 매니저가 되었는데, 내 열정을 충족시키기에는 K선배가 워낙 바빴습니다. 방송국이 이런 곳이구나, 이렇게 일이 돌아가고, 연기자가 전부가 아니구나. 귀중한 경험을 한 것으로 만족했습니다.

이정재보다 웃겨서 죄송합니다
**담쟁이는
서두르지 않고 벽을 오른다**

KBS 공채 1차 오디션에 붙었지만 내 의도와 상관없이 2차 시험을 놓치고 아쉬움이 남아있을 무렵 전화를 한 통 받았습니다.

"KBS 김웅래 PD예요."

김웅래 PD님은 우리나라 방송 사상 최초로 개그 프로그램을 만든 분입니다. 코미디프로의 전설이라고 할 수 있는 '유머1번지'를 비롯해 수많은 코미디프로를 연출하면서 명성을 날렸습니다. 내게 하늘 같은 선배인 심형래, 김미화, 이봉원, 김국진, 김용만, 유재석, 남희석, 박수홍 등을 발탁해 국민적인 스타로 만들었습니다. 또 인덕대학에서 교수로 재직하면서 정형돈, 김원효, 조원석, 홍인규, 김지호 등을 배출했습니다.

김웅래 PD님의 특징이라면 인재양성과 시청자와의 교감을 중요시한다는 점입니다. 코미디뱅크라는 홈페이지를 장기간 운영하면서 일반인과 코미디 지망생에게 각종 자료와 정보 주기를 아끼지 않고 있습니다. 그 당시에도 개그 신인과 지망생들을 모아 공연을 준비하고 있었습니다.

"들어봤는지 모르겠는데 '코미디를 사랑하는 모임'이라고 있어요. 개그를 좋아하는 친구들이 모여서 '웃드라맨'이라는 페스티벌을 준비하고 있는데, 같이 해볼래요?"

오디션 때 보고 인상 깊어서 전화를 한 모양이었습니다. 당시 '코미디를 사랑하는 모임'은 개그맨 지망생들의 발판이 되는 역할을 했습니다. KBS의 노우진, 박휘순, 김지호, MBC의 류경진도 그곳 출신입니다. 거절할 이유가 없었습니다. 개그맨 공채에도 떨어졌고, Y씨의 워크숍도 엉망이 돼서 앞이 막막하던 시절이었으니까요.

김웅래PD가 기획한 공연인 '웃드라맨' 포스터

"하겠습니다!"

질문이 끝나기도 전에 외쳤습니다. 미리 알았다면 찾아가 애원해야 할 판인데, 이렇게 먼저 제안을 받았으니 거절할 이유가 없었습니다.

"그런데 이미 다른 사람들은 페스티벌 준비를 진행하고 있었어요. 페스티벌이 2주밖에 남지 않았거든요."

페스티벌은 재능 있는 지망생들이 팀을 이뤄 개그 경합을 벌이는, 요즘 '슈퍼스타 K'나 '위대한 탄생' 같은 서바이벌 오디션 형식이었습니다.

"병만씨 말고 늦게 합류한 다른 사람들이 또 있어요. 그 사람들과 팀을 이뤄 한번 해보겠어요?"
"하겠습니다."

'무조건 하겠습니다.'였습니다. 김웅래 PD님이 구성해준 팀과 만나 의논을 했습니다. 가장 걱정되는 부분은 '시간이 없다'는 것과 서로 모르는 사람이 모였다는 사실이었습니다. 2주밖에 남지 않은 상황에서 제대로 개그를 짜서 맞추려면 가장 좋은 방법이 '합숙'이었습니다.

그런데 합숙하려면 돈이 많이 들잖아요. 나는 돈이 없었습니다. 고민을 하다가 팀을 데리고 고향 시골집에 내려가기로 했습니다. 할머니 집 근처 냇가에 텐트를 치고 밤낮으로 아이디어 회의를 하고, 즉석에서 맞춰보며 개그를 짰습니다.

그때 개그 내용 중에 목탁이 소품으로 필요한 장면이 있었습니다. 목탁을 구입하려고 알아보니 7만원 가까이 했습니다. 살 돈이 없어서 고민을 하고 있었습니다. 그런데 그날따라 유난히 할머니 집에 가고 싶은 거예요. 저녁을 먹고 산보 삼아 할머니 집 쪽으로 걸음을 옮겼습니다. 날은 이미 해가 지고 어둑어둑했습니다. 할머니가 돌아가시고 꽤 오랫동안 비어있는 집이었습니다.

할머니는 신내림을 받은 무속인이었습니다. 공들여 낳은 손자라며 나를 엄청나게 귀여워했습니다. 할머니는 내가 태어나자 너무 기뻐서 산후조리를 하는 어머니한테 하루에 8번 밥을 차려주더랍니다. 누나가 태어났을 때는 3번이었는데…. 요즘도 할머니 꿈을 가끔씩 꿉니다. 내게 할머니는 무속인이 아니라 그냥 할머니였습니다. 무속인이라고 특별히 가족들의 사주를 보거나 하지 않았고 내 눈에는 일반인하고 똑같았습니다. 그런 할머니가 당부하신 말씀이 있습니다.

"너는 공을 들여 낳았기 때문에 절대 살생을 하면 안 된다. 개고기도 안 된다."

지금까지도 철저히 지키고 있습니다.

할머니는 산중턱에 '솔찜'을 운영했습니다. 이 솔찜이라는 게 요새 말하는 찜질방 같은 건데 뜨거운 방안에서 온몸에 솔잎을 덮고, 그 솔잎의 김을 쐬며 땀을 내는 효과를 얻는 겁니다. 할머니는 이 솔찜방을 위해 매일 아침 일찍 아궁이에 불을 때고, 흙집으로 되어 있는 방 안에는 산에서 해온 솔잎을 뿌린 후, 그 위에 가마니를 깔고, 손님 맞을 준비를 했습니다.

찜질방 요금은 편지봉투에 담은 쌀 한 봉지였습니다. 그런데 그 한 봉지의 쌀도 다 받지 않고 반으로 나눠 손님의 밥을 해줬습니다. 손님들이 솔찜방에서 찜질을 하는 동안 솥에 미역국을 끓

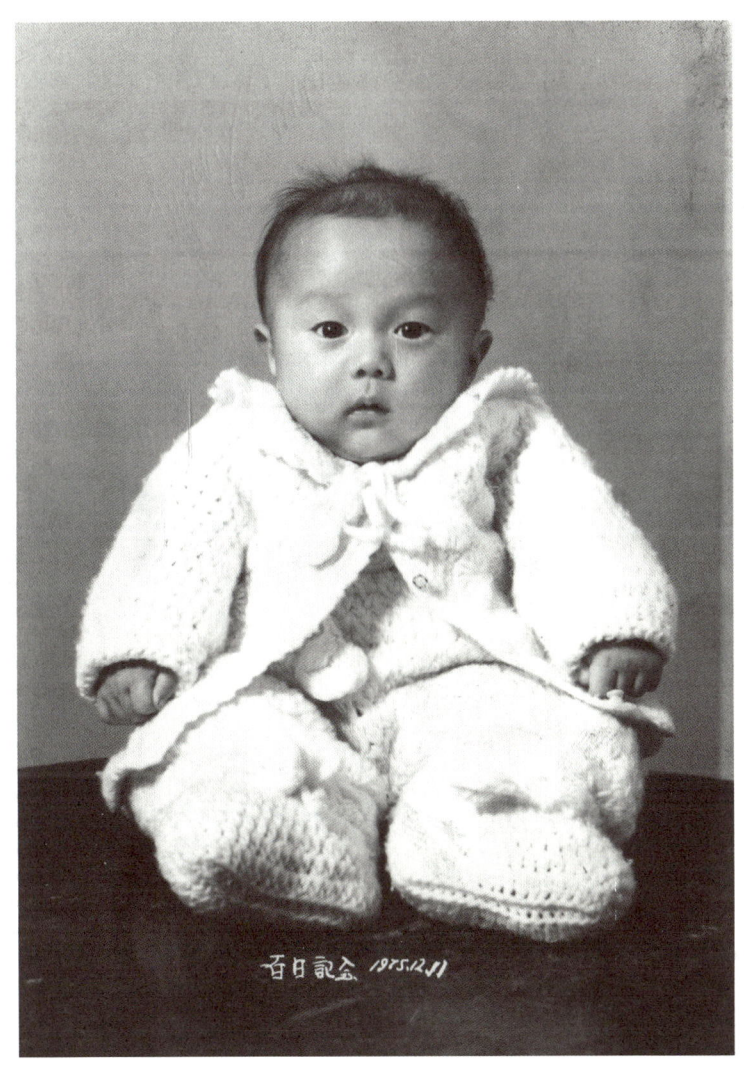

백일사진. 할머니는 공들여 낳은 손자라며 항상 나를 귀히 여겼다.

이고, 밥을 지어서 찜질 다 끝낸 손님들에게 대접을 했습니다. 풍부하진 않았지만 쌀만큼은 늘 떨어지지 않았던 할머니 댁에 어머니의 심부름으로 쌀을 얻으러 다니기도 했습니다.

초등학교 올라가서는 복주머니에서 꺼낸 꼬깃꼬깃한 2만원을 내 손에 쥐어주는 할머니 덕분에 집이 가난한지도 몰랐습니다. 할머니는 내 얘기라면 벌벌 떨 정도로 나를 끔찍하게 아꼈습니다. 온 동네에 말썽을 피우고 다녀도 할머니만은 감싸주었습니다.

중학교 때 학교 끝나고 집에 왔는데 아무도 없었습니다. 밤이 늦도록 아무도 들어오지 않아서 할머니 댁에 전화를 했습니다. 집에 아무도 없어서 밥을 못 먹고 있다고 하자, 할머니는 그 밤 중에 촛불을 켜고 한 시간을 걸어 우리 집까지 왔습니다. 내 밥을 빨리 챙겨줘야 한다는 이유 하나로. 그리고 그 다음날 교통사고로 갑자기 돌아가셔서 3일을 내내 울었던 기억이 지워지지 않습니다.

개그 지망생들과 합숙을 했던 그날도 할머니를 생각하며 걸음을 법당으로 옮겼습니다. 어렸을 때 아이들은 무서워서 법당에

오지 못했습니다. 법당에는 무서운 그림도 있고 해서 아이들이 좋아할 분위기는 아니었습니다. 하지만 나에게는 그냥 할머니 집이었습니다. 낮잠도 편하게 자는 일상적인 공간이라 무서웠던 기억은 없습니다. 그런데 딱 한 곳, 법당의 다락방은 겁이 많이 나서 문을 열어보지 못했습니다.

그날 뚜렷한 이유도 없이 불도 안 켜서 어두운 방에서 다락방이 갑자기 궁금해졌습니다. 다락방 문을 열어보고 싶었습니다. 스르륵 문을 열고 정말 놀랐습니다. 다락방 문 앞에 목탁이 나무채와 함께 놓여 있었습니다. 목탁이 필요해서 고민하고 있었는데, 반가우면서도 희안한 느낌이었습니다.

'아, 할머니가 도와주시는구나.'

지금까지도 그 목탁을 소중하게 보관하고 있습니다.

2주 후, 예정대로 페스티벌이 열렸습니다. 급하게 모여서 시간도 없고, 어떻게 보면 오합지졸이었던 우리 팀은 당당히 개그 경합에서 2등을 차지했습니다. 놀라운 성과였습니다. 게다가 나는 영화 '선물' 오디션 추천을 받았습니다. 오기환 감독님의 작품인 영화 '선물'에 개그 경합 장면이 나오는데 거기에 출연할 개그 지망생을 찾고 있었던 겁니다. .

우리 팀에서 나만 뽑혔듯이 페스티벌에 참가한 또 다른 팀에서도 한 사람이 뽑혔는데, 그가 바로 요즘 KBS TV '1박 2일'로 스타가 된 개그맨 이수근입니다. 생전 처음 본 수근이와 나는 바로 팀이 되어 영화 오디션을 보게 됐습니다. 처음 만난 사이인데도 보자마자 마음이 통했습니다. 오래 함께한 친구 이상으로 잘 맞았습니다.

영화 '선물'에도 개그 경합 장면이 나옵니다. 주인공 용기^{이정재 분}는 5년차 무명 개그맨입니다. 용기의 아내 정연^{이영애 분}은 불치병에 걸린 아동복 가게 주인입니다. 정연은 용기에게 자신의 병을 숨기고 살았습니다. 짙은 향수를 뿌리며 들키지 않으려 노력하지만 결국 용기가 알게 되고, 용기는 정연을 위해 최고의 공연을 '개그천왕' 프로그램을 통해 보여줍니다.

'개그천왕'은 영화에서 서바이벌 개그 경합 프로그램입니다. 각 팀들이 출연해서 개그를 하고, 가장 웃긴 팀들을 뽑아 다음 경연에 참가합니다. 마지막 남은 가장 웃긴 한 팀이 최종 우승을

하게 되는 프로그램입니다. 영화에서 용기는 철수(공형진 분)와 한 팀으로 경합에 참가합니다. 그런데 주인공 팀을 뺀 개그 경합 부분은 실제 상황이었습니다. 촬영 전에 오기환 감독님이 이렇게 말했습니다.

"실제로 경쟁을 하는 겁니다. 재미있으면 1차부터 결승까지 가면서 영화에 더 나올 겁니다."

촬영을 시작했습니다. 나와 수근이 차례가 됐습니다. 우리가 짠 개그는 무사 2명이 대결을 펼치며 벌어지는 재미있는 상황을 포착한 슬랩스틱 코미디 Slapstick Comedy였습니다. 촬영에 앞서 오기환 감독님이 주의를 줍니다.

"촬영 들어갑니다. 스태프들 웃겨도 웃지 마세요. 동시녹음이니까."

우리는 칼(죽도)을 들고 등장해서 대결을 벌입니다. 수근이가 나를 계속해서 찌르며 압도적인 실력을 보입니다. 나는 결국 칼에 맞고 쓰러집니다. 그런데 쓰러지다가 내 팔꿈치가 수근이의 뒤통수를 칩니다. 실수인지 실력인지 아무도 모를 팔꿈치 강타 한번에 수근이는 쓰러집니다.

'풉. 푸흡.'

감독님의 주의로 특히 더 조용하던 촬영장에 참기 어려운 듯 웃음소리가 터져 나왔습니다. NG가 됐습니다. 감독님이 주의를 줬는데 배짱 좋게 웃은 사람이 누군지 사람들의 눈이 바빴습니다. 웃음을 참지 못한 사람이 완전히 눈총을 받을 상황이었는데, 웃음소리의 주인공이 바로 오기환 감독님이었습니다.

"너무 웃겨서 안 되겠다. 주인공 개그가 살아야 하는데, 주인공보다 더 웃기면 어떡해?"

그 한마디 칭찬 때문에 나는 가슴이 벅차서 터질 것만 같았습니다. 촬영이 끝나고 우리 팀은 함께 건배를 외쳐대며 소주를 마셨습니다. 누군가가 그랬습니다. '사건이다. 사건!' 분명 우리들에게는 큰 사건이었습니다. 나는 그렇게 개그맨의 길로 한 발짝 한 발짝 다가갔습니다.

평생을 꿈꿨던 순간
세상의 중심에는 노력한 자가 있다

'이렇게 재미있는 친구들이 개콘^{개그콘서트}에 나가야 하는데….'

영화 촬영이 다 끝나고 우리를 칭찬하는 소리가 들렸습니다. 당시 같이 출연하고 있던 백제현 선배와 어시스트 작가가 우리를 보고 개그콘서트에 추천을 해줬습니다. 그렇게도 길이 보이지 않던 '비전이 암전'인 상황이 몇 년 동안 계속됐는데, 꿈에 그리던 무대에 직접 설 수 있겠다는 기대로 수근이와 밤낮으로 오디션 준비를 했습니다. 전부터 잘 하다가도 오디션 장에만 가면 얼어버렸기 때문에 두려웠지만 이번에는 목숨 걸고 웃겨보겠다고 최선을 다했습니다.

KBS 개그콘서트 오디션 당일에 수근이와 나는 비장한 각오로 죽도를 들고 방송국에 찾아갔습니다. 키도 올망졸망한 애들이 죽도를 들고 잔뜩 긴장해서 들어오니 '쟤들 뭔가' 싶은 시선이 느껴졌습니다. 개그콘서트 감독, 기라성 같은 선배 개그맨들이 있었습니다. 당시에 최고의 전성기를 누리던 심현섭, 백제현 선배님도 보였습니다. 우리로서는 만나는 것만으로도 영광이던 분들이었죠.

영화에서 보인 무사들의 대결을 슬랩스틱의 브릿지Bridge 개그로 보여줬습니다. 브릿지는 개그콘서트에서 코너와 코너 사이 잠깐 쉬어가는 5, 6분짜리의 짤막한 개그입니다. 우리들이 보인 개그가 새로웠을 겁니다.

둘이서 대결을 벌이다가 '땅' 때리면 '팍' 쓰러지는 거예요. 당시에는 상대가 때리면 피하거나 맞아서 아파하면서 개그를 많이 보였는데, 나는 맞고 쓰러지는 모션에서 개그를 개발했습니다. 예를 들면 만화에서는 맞고 쓰러질 때 중간 과정을 생략해서 보여주잖아요. 그림이니까. 맞고, 다음 장면은 맞은 사람이 바닥에 엎어져 있는 그림이 많아요. 맞은 사람의 아픔이 느껴지지 않고 웃음이 극대화되는 거죠. 나는 거기서 소스를 얻었습니다.

Part 2 구사일생의 달인 김병만

우리는 개그를 하면서 때리고, 맞고, 구르고, 넘어지면서도 아파하는 표정을 의도적으로 안 지었습니다. 아파 보이면 코미디가 안 되잖아요. 최대한 아파 보이는 걸 줄이는 거죠. 표정도 무표정하게 한번에 깔끔하게 '딱, 딱' 쓰러지는 겁니다.

요즘 공채시험에서 내 흉내를 낸다면서 이 개그 방식을 시도하는 친구들이 있습니다. 나는 이런 식의 개그를 좀 더 연구해서 '소심한 복수 액션'도 개발했습니다. 이런 식입니다. 험악한 건달이 평범한 학생인 나를 확 밀칩니다. 나는 몸의 균형을 잃고 쓰러집니다. 상대에게 일방적으로 당한 듯 보이지만, 쓰러져 있는 나를 보면 내 발꿈치가 어느새 나를 밀친 상대의 다리에 닿아 있습니다. 쓰러지면서 상대의 다리를 살짝, 상대도 모르게 때린 거죠.

어쨌든 그날 수근이와 내 개그를 보고 거기 있던 감독님과 선배님들이 다 웃었습니다. 우리한테는 전설 같은 분들이었는데 가슴이 벅차올랐습니다. 감독님이 물었습니다.

"이런 아이템 몇 개나 있어요?"
"150개 있습니다."

"에이, 거짓말 말고."

"여기 다 적어놨는데요?"

나는 감독님에게 1번부터 150번까지 번호가 매겨진, 개그 아이템을 빼곡하게 적어놓은 아이디어 노트를 건넸습니다.

연극 무대에서부터 선배님들이 연기에 대한 얘기를 할 때마다 적는 버릇이 있었습니다. 일기도 꼬박 몇 년을 이어서 쓸 만큼 기록하는 일을 좋아했습니다. 그래서 수근이와 '무사' 아이디어를 짤 때도 생각이 날 때마다 기록해 두었는데 그 노트가 내 인생에서 정말 큰 도움이 됐습니다. 아마도 할아버지의 영향이 아닌가 생각합니다. 어렸을 때 할아버지를 보며 이런 생각을 많이 했습니다.

'나도 할아버지처럼 살아야겠다.'

어려서 볼 때 할아버지는 내가 아는 사람 중 가장 성공한 인생이었습니다. 젊은 시절에 지게를 지고 산에서 돌을 캐다가 내다 팔고, 가축도 키워서 재산을 모았습니다. 선대에서 아무 것도 물려받지 않았지만 큰 산과 넓은 토지를 살 만큼 부자였습니다.

비록 자식들이 물려준 재산을 다 소모하고 빚까지 지게 되어 생활이 넉넉하지 않은 가운데 돌아가셨지만 늘 계획하고, 노트에 기록하는 습관은 멈추지 않았습니다.

아직도 기억에 생생한데, 할아버지는 염소를 산에 방목해서 키웠습니다. 어린 나를 옆에 앉혀놓고 노트에 빼곡하게 적은 계획을 보여줬습니다.

'염소 한 쌍을 샀으니 내년에는 몇 마리가 되고, 그게 5년 뒤에는 몇 마리가 될 것이다. 그러면 소득이 이렇게 되니 이런 계획을 세울 수 있다.'

평생 기록한 그런 계획 노트가 엄청나게 많았습니다. 나는 할아버지와 같이 살면서 그런 계획성 있는 모습에 상당히 많은 영향을 받았습니다.

감독님이 내 개그 노트를 열고 처음부터 죽 훑어보더니, 바로 소리를 질렀습니다.

"녹화 뜨자!"

그렇게 해서 생애 첫 방송무대에 올랐습니다. 정식 공채 데뷔는 아니었지만 평생을 꿈꾸던 순간이 시작됐습니다. 2000년 12월 6일, 수요일이었습니다. 일주일에 6편씩 녹화를 했습니다. 처음에는 '사무라이 논픽션'이라는 제목으로 나가다가 2주 후에 제목을 바꾸라고 해서 '대결'로 바꿨습니다. 반응이 좋아서 계속했습니다. 주변에서는 우리를 전문 무술인으로 알았답니다.

2011년 6월, 김웅래 PD님이 은퇴하면서 조크북 '개그폭탄 일팔공'을 출간했습니다. 그 책을 보면서 내 꿈의 무대를 열어준 그 분의 글귀에 마음까지 끄덕여졌습니다.

'이미 찾은 코미디에 대한 무한애정, 숨겨져 있는 해학에 대한 호기심, 내곁에 든든히 버티고 서있는 유머들, 내 생각을 온통 지배해온 코미디… 내 직업에 감사하며 행복을 느낀다.'

1999년 실의에 빠져 있을 때 받은 김웅래 PD님의 전화가 떠올랐습니다. '더 열심히 해야지.'

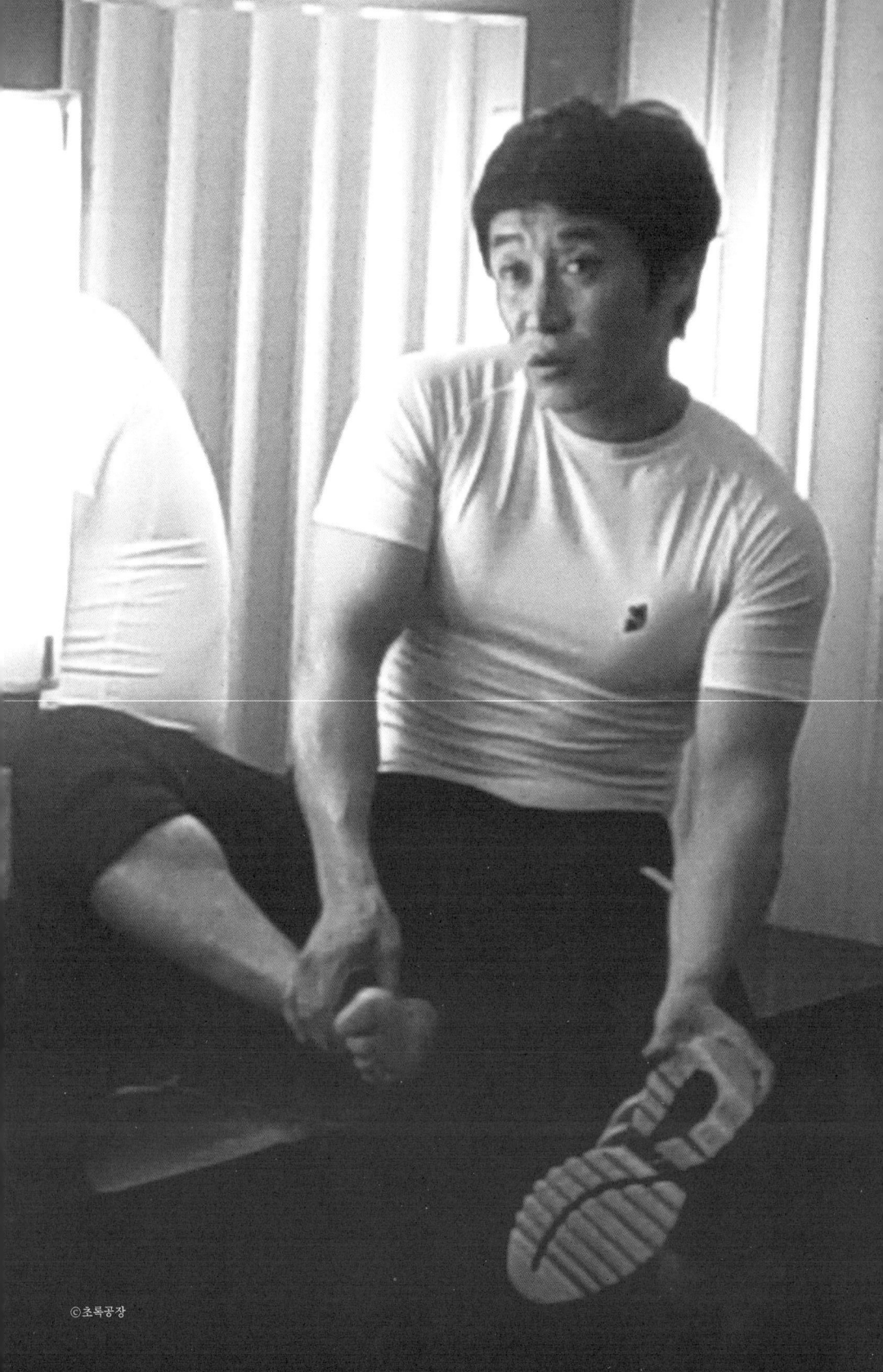

다음은 없다
땀은 배신하지 않는다

'대결'을 녹화하러 가던 비가 오는 날이었습니다. 개그콘서트 리허설을 하기 위해 아침 일찍 집을 나서다가 그만 왼발을 접질렸습니다. 디디지 못할 만큼 심한 통증에 방송국까지 어떻게 가나 걱정이 되었습니다. 한 쪽 발은 괜찮아서 절뚝거리며 가면서도 곧 괜찮아질 거라고 생각을 했죠. 하지만 리허설 때도 통증은 가라앉지 않았습니다.

당시 '대결'에서 내 역할이 '사부'였는데 상대방이 '사부님이 오실 때가 됐는데?'라고 대사를 하면 내가 무대 뒤에서 '음하하' 하며 달려 나가 공중돌기 같은 묘기를 하나 부리고 등장해서는 상대와 무술을 벌이는 구성이었습니다. 상대방과 호흡을 맞춰야 하는 격한 장면이 많았기에 병원에 가봐야 할 것 같았지만 꾹 눌러 참았습니다. 정식으로 방송국에 공채로 합격한 개그맨이 아닌 연출자에게 캐스팅된 소위 '사이드 멤버'였기 때문에 아프다는 말을 할 수 없었습니다.

"오늘 다리가 아파서 못 하겠습니다."라고 말을 하면,
"그래, 아프면 다음주에 다시 하자."라고 대답해 줄 것 같지 않았습니다.

"그래, 쉬어라."라고 할 것 같았습니다.

'그래, 쉬어라'라는 말에는 '다음주'가 없습니다. 방송에 출연할 기약, 개그콘서트 무대에 설 기약이 없어지는 것입니다. 그게 두려웠고, 너무나 싫었습니다. 그래서 견디기로 했습니다. 다리를 절다가도 사람들이 볼 때는 정상적으로 걸었습니다. 리허설 때는 '이렇게 뛰어서 이렇게 돌고, 이런 식으로 하겠습니다.'라고 말로 설명을 했습니다.

녹화 때는 어쩔 수 없이 아픈 발목으로 공중돌기를 하고 뛰어다

녀야 했습니다. 녹화 전에 발목에 스프레이로 통증을 줄여주는 약을 막 뿌리고 붕대로 다친 발목을 꽉 감은 다음 발로 바닥을 몇 번 빵빵 찼습니다. '그래, 해보자.'고 이를 악물었죠.

내가 달려가서 삔 다리로 점프를 해서 삔 다리로 떨어지는 장면이 있었는데 그걸 참고 하려니 정말 아찔하더군요. 얼마나 발목이 아팠던지 그날 한 개그 내용이 10년이 지난 지금까지도 또렷하게 기억납니다. 그런데 녹화가 무사히 끝나자 그렇게 기분이 좋을 수가 없었습니다. 눈물도 나고, 웃음도 나고.

돈이 없기도 했지만 예전부터 다리를 삔 적이 많아서 병원에 가거나 약을 먹지 않았습니다. 삐어서 부은 발목이니 며칠 견디면 대충 낫겠지 하며 버틴 거죠. 그런데 3년 뒤에 뮤지컬 무대에 설 때였습니다. 주연으로 캐스팅이 되어 매일같이 무대에 서야 했습니다. 어린이 뮤지컬이었는데 역시 몸을 많이 쓰는 역할이었습니다.

왼발을 다쳤던 생생한 기억 때문에 텀블링하거나 높은 데서 뛰어 내릴 때 거의 오른발로 착지를 했습니다. 의식적으로 오른발만 쓰니까 어느 순간 양쪽 발목이 모두 아파오기 시작했습니다.

결국 걷기조차 힘들 때가 돼서야 병원에 가서 엑스레이를 찍어 보았습니다. 의사가 엑스레이를 보더니 입을 딱 벌리더군요.

"이거 양쪽 발목이 한참 전에 부러졌는데 이걸 어떻게 참고 지금까지 그냥 계셨어요?"
"아, 3년 전에 다쳤는데 삐었는 줄 알고요, 삔 거면 시간 지나면 대충 낫더라고요. 그래서 그냥 있었지요."
"미련했네요."

양쪽 발목의 복사뼈 바로 아래쪽에 물렁뼈가 모두 골절이 되어 있다며 수술을 해서 부러진 뼈를 제거해야 한다고 했습니다. 움직이다가 관절 사이로 부러진 뼈가 들어가면 정말 극심한 고통을 느낄 거라고 심각하게 말했습니다.

"수술을 안 하는 방법은 없을까요?"
"없어요. 뼈가 부러진 상태라니까요."

수술을 하면 걸을 수 있기까지 3개월이 걸린다고 했습니다. 3개월을 쉬어야 한다? 3개월 동안 활동을 쉬면 어떻게 될까? 3개월 동안 보이지 않아도 사람들이 나를 기억할까? 자신이 없었습

양쪽 발목이 한참 전에 부러졌는데
이걸 어떻게 참고 지금까지 그냥 계셨어요?

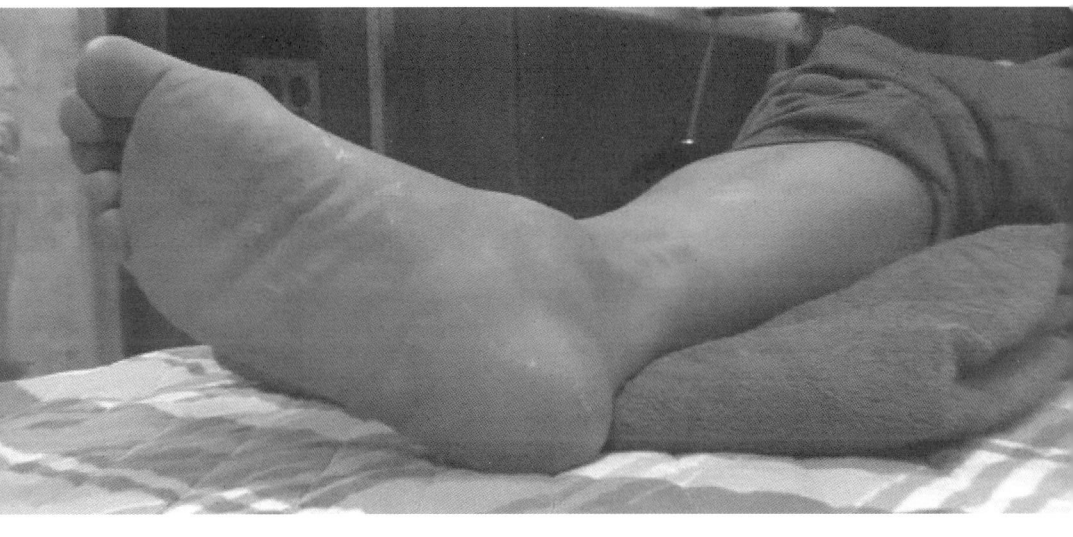

될 때까지 했습니다

니다. 수술을 미루고 싶었습니다.

"계속 아프지는 않거든요. 무리하지 않으면 견딜 만한데 버티면 안 될까요?"
"정 어려우면 우선 물리치료만 받고 도저히 못 걸을 것 같을 때 오세요."

내 발목에는 지금까지 부러진 뼛조각이 그대로 있습니다. 단 한 주도 쉬지 않고 무대에 섰기 때문일까요? 신인 시절을 지나 한참이나 세월이 흘렀지만 여전히 3개월은 넘을 수 없는 기간처럼 느껴집니다.

통증이 심했다가 괜찮았다가를 반복합니다. 심할 때는 진통제를 맞아야 할 정도로 아프고 오래 뛰거나 무리를 하면 양쪽 발목의 부러진 부분이 튀어나와 보이지만 평소에는 통증이 오지 않기 때문에 버티고 있습니다. 하도 오래 이런 발목으로 살다보니 나름대로 요령이 생긴 것도 같습니다.

최근 SBS TV '일요일이 좋다 - 김연아의 키스앤크라이 Kiss & Cry'에 출연하고 있습니다. 2010년 밴쿠버 올림픽 금메달리스트 김연아 선수가 MC로 참여하고 있는 방송 프로그램입니다. 동계 올림픽의 꽃이라 불리는 피겨스케이팅을 버라이어티와 접목했습니다. 김연아 선수를 포함한 4명의 심사위원이 있고, 연예인들이 피겨 전문인들의 도움을 받아 경연을 펼치는 내용입니다.

'키스앤크라이'에 출연하면서 참 많은 것을 새롭게 느끼고 경험했습니다. 그동안 새로운 분야에 도전했던 '달인'처럼 '키스앤크라이'도 마찬가지였습니다. 출연을 제안 받았을 때, '와! 이거 정말 멋있겠는데' 하는 생각이 절로 들었습니다. 그러나 쉽게 오케이를 할 수가 없었습니다. 스케이트는 물론 스케이트 슈즈를 신어 본 적조차 없기 때문입니다.

슬랩스틱 코미디는 아니지만 피겨스케이팅 경연을 펼치고 있어서 그에 못지않게 몸을 많이 쓰고 있습니다. 피겨스케이팅은 코치의 지시에 따라 안전하게 배울 수 있는 종목입니다. 그런데 연습 중에 스케이트를 신고 빙상에서 공중돌기를 하다 제대로 착지하지 못하고 넘어져 발목 인대를 다쳤습니다. 결국 녹화 도중 서 있지 못하고 잠깐 무릎을 꿇고 몸을 지탱할 수밖에 없었는데 그 방송을 보고 시원찮은 발목을 걱정해 주는 분들이 더 늘었습니다.

김연아 선수도 눈물을 보였습니다. 나는 그 눈물 때문에 너무 행복했습니다. 그 눈물의 의미를 알기 때문입니다.

'정말 힘들었겠다.'

그것을 경험한 그녀만이 흘릴 수 있는 눈물이라는 사실을 나는 알고 있습니다. 나는 그 눈물 때문에 그동안 힘들었던 시간을 다 잊을 수 있었습니다. 웃기는 것보다 감동을 주는 것이 훨씬

'키스앤크라이' 장면

더 어렵습니다.

찰리 채플린의 코미디는 웃음과 감동이 늘 함께 합니다. 감동! 내가 우리 모두에게, 자랑스런 국민 여동생 연아에게 감동을 줄 수 있다면 다리 아픈 정도가 무슨 대수이겠습니까. 그날 나는 무지 아파서 울고 싶었지만 너무 행복했습니다. 나는 코미디언이니까요.

요즘 동료들이나 방송 관계자분들은 내가 격한 액션을 할까봐 감시를 합니다. 개그콘서트에서는 리허설 때 액션을 못 하게 말립니다. 말로만 설명하라고 하고요.

사람들이 내 얼굴을 보고 피부는 좋다고 하는데 자세히 보면 흉터가 되게 많아요. 어렸을 때 정말 개구쟁이였거든요. 다 장난의 흔적이에요. 병원에 엄청 많이 다녔어요. 초등학교 때 교실에서 친구를 뒤에서 몰래 탁 때리고 도망가다가 여닫이문에 손가락이 끼어서 부러진 적이 있어요. 그 상처로 손가락이 구부정하게 보입니다.

또 망치로 곤봉놀이를 하다가 이마를 맞아서 바로 병원에 실려

갔고요. 눈 밑에 지금도 상처가 남아 있어요. 4층에서 떨어질 때 입은 상처로 정수리는 움푹 패여 있죠. 시골에서 오른손으로 낫질하다가 잘 못 해서 뼈가 보이도록 손가락을 벤 상처도 있죠. 왼손잡이였는데 시골이라 어른들이 왼손을 못 쓰게 했거든요. 몸에 언제 다쳤는지도 모르는 화상자국도 많고요.

오늘은 몸을 보니 스케이트 날에 긁힌 자국이 여기저기 많이 보이네요. 다친 줄도 몰랐습니다. 팔꿈치에는 파스를 붙이고 있네

요. 다리에는 시퍼런 멍도 훈장처럼 붙어있네요. 사실 타박상이나 멍은 거의 매일 달고 삽니다. 인대도 자주 늘어나고요. 링 연기를 펼친 날은 어깨가 아파서 똑바로 누워도, 옆으로 누워도 잠을 못 잤죠.

몸에 성한 곳이 없네요. 그래도 웃습니다. 내가 열심히 노력하는 모습과 언제나 최선을 다하는 모습에 대해 시청자가 박수를 쳐 주시는 것 같습니다. 무대에서 땀이 나야 제대로 한 것 같습니다. 이것이 나를 지탱해준 내 캐릭터입니다.

개그 명당으로 오시오
어려울 때 얻은 벗은 재산이다

1999년 말 밀레니엄을 앞둔 때였습니다. 서울에서 주머니에 10만 원을 넣고 사글셋방을 알아보러 다녔습니다. 완주에서 부모님과 함께 살 때는 산골짜기 허름한 집일지언정 방에는 해도 들고, 마당에는 어머니가 심어놓은 꽃도 피고, 추운 겨울에는 장작을 때서 뜨끈뜨끈한 밤을 보낼 수 있었습니다. 그런데 서울에서는 '여기가 사람이 사는 곳인가' 싶은 지하 공간마저도 구하기 어려웠습니다. 꿈을 가지고 서울에 올라왔지만 오디션에는 붙을 가망이 없어 보일 때였습니다.

세상은 새 천년을 눈앞에 두고 술렁이는데 나는 한치 앞도 보이지 않던 어두운 시절이었습니다. 그때 제일 부러웠던 게 서울에 집이 있는 친구였습니다. 그리고 그 친구가 밤에 집으로 들어가는 모습이었습니다. 집에 가서 샤워를 하겠지. 그리고 엄마가 차려주는 따뜻한 밥을 먹고 포근한 이불 속에서 잘 수 있겠지.

변두리를 헤집고 다니다 겨우 대방역 근처에서 사람이 살 수 있을까 싶은 낡고 작은 옥탑방을 보증금 없이 월세를 선불로 내는 조건으로 구했습니다. 그 옥탑방에서 가장 기억에 남는 것은 바퀴벌레입니다. 밤에 벗어놓은 옷을 아침에 입고 나오면 옷에서 바퀴벌레 몇 마리가 후드득 떨어졌습니다. 바퀴벌레는 밤에만 활동하는 줄 알았는데 낮에도 버젓이 빈둥거리고, 손으로 위협을 가해도 도망가기는커녕 슬슬 걸음을 옮기며 제 갈 길을 잘 갔습니다.

옥탑방은 원룸으로 되어 있었는데, 7평정도 되었습니다. 그래도 샤워를 할 수 있고, 겨울에 찬바람을 피할 수 있으니 다행이었죠. 옥탑방에 세든 지 몇 달 지났나 싶습니다. 영화 '선물'에 출연하게 되었습니다. 나와 비슷한 개그 지망생들을 많이 만났습니다. 그중에는 나처럼 계속 오디션에 떨어져 그냥 내버려두면 곧 꿈을 포기해 버릴 것만 같던 친구들과 동생들도 있었습니다.

나는 친구들에게 '우리 집에 와서 같이 살자'고 했습니다. 당장 밥값도 없어 굶고 있으면서도 별 대책도 없이 정말 좋아하는 친구들이나 후배들을 무조건 우리 집으로 오게 했습니다. 대개가 나처럼 개그 오디션을 준비하고 있었기 때문에 팀을 짜서 같이 연습하는 게 유리했고, 모여서 개그를 의논하고 연습할 공간이 필요했습니다. 따로 그런 공간을 마련하려면 또 돈이 들어가니까 우리 집을 이용하자 싶었던 이유도 있습니다. '우리 같이 합숙하며 꿈을 포기 하지 말고 노력해보자'는 내 말에 친구와 후배들은 '그래. 우리는 평생 함께 가는 거다.'라고 응수했습니다.

거기에는 이수근과 '달인'의 수제자 노우진도 있었습니다. 한 명 한 명 모여 들자 어느새 내 옥탑방은 개그맨 지망생들의 사랑방이 되었습니다. 잘 곳이 없는 친구들이 들어왔다가 방을 구하면 나가고, 좋아서 함께 지내다가 어느 날 홀연히 나가는 친구들도 있고···.

그렇게 사람들이 옥탑방에서 들어오고 나가고를 반복하면서 많을 때는 7명이 같이 살 때도 있었습니다. 방이 7평쯤 되었으니한 사람이 한 평씩 쓰는 셈이었습니다. 정말 비좁고 불편하고 함께 사는 게 불가사의 할 정도인 때도 있었지만 나는 언제나 친구들과 같이 있는 게 든든하고 좋았습니다.

우리는 옥탑방에서 아침부터 밤까지 개그맨이 되기 위해 아이디어를 짜고, 상황 극을 만들며 방송국 공채시험을 준비했습니다. 멤버가 7명 정도 모였을 때였습니다. 비좁은 원룸 옥탑방이 터질 것 같았습니다. 장성한 청년들이 오디션 준비를 하느라고 하루 종일 집에 있었으니까요.

7명 중에 오디션에서 자유로운 사람이 한 명 있었습니다. 공채를 포기한 수근이. 수근이는 집안 사정으로 돈을 벌어야 했기 때문에 평택에서 레크레이션 강사로 일하고 있었습니다. 유일하게 돈을 벌기 위해 매일 밖으로 나가는 사람이었죠. 다들 넉넉한 형편이 안 되니까 우리가 마음껏 먹기에는 부족함이 많았습니다. 밥은 어떻게 된다 해도 간식까지는 생각도 못하는 그런 시절이었으니까요.

그런데 수근이가 일당을 받아 퇴근하면서 종종 김밥, 떡볶이, 순대 같은 맛있는 먹을거리를 사왔습니다. 수근이가 사온 간식

Part 2 구사일생의 달인 김병만

을 정신없이 먹으며 또 웃고 떠들고 그랬습니다. 우리 딴에는 개그 오디션에 집중하느라 모든 시간을 투자하고 있었던 거지만, 수근이 눈에는 좀 안쓰러워 보였던 모양입니다. 그날 이런 말을 하더군요.

"이 인원이 나가서 하루에 2만 원씩만 벌어 와도 합하면 일당 14만 원이야."

ⓒ초록공장

먹을 것도 잘 못 먹고 고생한다는 안쓰러움과 '그렇게 모든 걸 걸고 고생하는 데 잘 돼야 할 텐데'라는 걱정이 담긴 말이었습니다.

돌이켜보면 참 어려운 시절이었습니다. 가난보다는 앞을 알 수 없기 때문에 어려웠습니다. 언제나 개그에 인생을 '올인' 하고 있었으니까요. 다행히도 그렇게 합숙한 지 1년이 지났고 나는 KBS 개그맨 17기 공채시험에 당당히 합격했습니다. 우리 옥탑방에 같이 있던 다른 멤버들도 1, 2년 사이 모두 개그맨 공채 시험에 합격을 했습니다. 그때는 집이 작아도 상관없었고, 먹을 게 없어도 상관없었고, 친구들과 함께 개그를 짤 울타리 하나면 만족했던 시절이었습니다.

나는 공채에 붙고 일정한 수입이 생기면서 옥탑방에서 하산했습니다. 방을 나오면서 공채를 준비하는 후배에게 방을 물려줬습니다. 그 후배는 나중에 공채 시험에 합격했습니다. 그 후배도 합격하고 방을 나가면서 다시 또 개그맨을 지망하는 자신의 후배에게 방을 물려줬습니다.

10만 원이던 월세가 15만 원이 될 때까지 그렇게 계속 그 옥탑방은 마땅히 집이 없고, 수중에 돈이 없어 어려움을 겪는 가난한 개그 지망생들의 둥지가 되었고, 옥탑방에 살며 준비했던 사람들이 모두 합격을 했다하여 '개그 명당'이란 별칭까지 얻게 되었습니다. 지금은 누가 사는지 모르겠지만 개그맨이 되고 싶은데 시험에 계속 떨어지는 분들이 있다면 대방역 근처의 그 옥탑방을 소개해드리고 싶습니다.

공채 개그맨이 되던 날

"김병만씨, 최종합격 하셨습니다."
2002년 KBS 공채 합격자 발표하는 날이었습니다. 기쁠 줄 알았는데, 소리도 없이 볼을 타고 눈물이 줄줄 흘렀습니다.
절벽을 오르다가 잠깐 걸터앉아 쉴 공간까지는 왔구나. 후련하다.
그런 마음이었습니다.

PART3 쉬지 않고 했습니다

'마지막으로 한번 해보자. 1달이 될 수도 있고, 1년이 될 수도 있고, 10년이 될 수도 있다. 형만 믿고 따라와 봐.' 마치 '마지막 한 번만 더 도전해 봐라'는 말로 들리지만 좀 생각해보면 10년이 되더라도 될 때까지 해보자는 말입니다.

달인을 만나기까지
달인은 목표가 아니라 과정이다

'쇼! 행운열차'를 기억하는 분이 있을지 모르겠습니다. KBS 2TV에서 일요일 한낮에 방송한 프로그램인데 콩트 코미디와 복권 추첨을 결합한 새로운 형식이었습니다. 여기서 '고수를 찾아서'라는 코너를 잠깐 했는데 그게 달인의 조상쯤 된다고 볼 수 있을 것 같습니다. 방송을 한 게 2003년 지나서였는데, 김대희 선배가 진행자였고, 류담이 수제자였습니다. 그때 담이는 KBS 개그맨 공채 18기로 가장 막내 기수였습니다.

나는 좀 진지하게 나오다가 한순간에 망가지는 캐릭터가 좋습니다. '김병만의 역사 스페셜', '예술의 전당', '발명왕' 코너도 다 그런 종류의 진지한 상황에서 망가지는 역할이었습니다. 인기를 끈 '불청객' 코너에서는 동네 사람으로 나와서 진지하게 한마디씩 끼어드는 설정이었죠. 불청객은 정종철 선배랑 한 버전이 있고, 이수근과 한 버전이 있는데, 여기서는 후자의 경우입니다. '달인'도 이런 캐릭터의 연장선에 있는데, 이런 개그를 가장 처음 선보였던 코너가 '고수를 찾아서'입니다.

'고수를 찾아서'는 개그콘서트에 나와도 좋겠다는 말을 많이 듣던 코너였는데, 아쉽게도 중간에 내리게 돼서 미련이 많이 남았습니다. 그 뒤로 한참 지나서 '명인'이라는 코너를 개그콘서트에서 선보였습니다. '명인'은 윤형빈이 사회를 보고, 나와 안일권이 명인으로 나왔습니다. '명인'은 큰 인기를 끌지 못하고 한 달 만에 코너를 내렸습니다.

'명인'은 대사가 없습니다. 이런 내용입니다. 진행자가 명인을 소개합니다. 트럼펫을 잘 부는 명인이 나옵니다. 하지만 트럼펫을 제대로 쥐어 본 적도 없는 듯 헤매면서 소리조차 못 냅니다. 상황이 점점 꼬여 가며 끝이 납니다. '달인'이 '명인'과 큰 차이가 있다면 그런 상황을 한 번 더 뒤집어주는 데 있습니다. '명인'은 멤버간 호흡을 맞추기도 전에 코너를 접어야 했습니다.

형빈이와 일권이도 실력 있는 후배였지만 사실 담이와 함께 코너를 하고 싶었습니다. 왜냐하면 나와 담이는 방송과는 별도로 지방 투어 공연을 다니면서 '고수를 찾아서'라는 코너를 몇 년 동안 계속 했기 때문에 호흡이 척척 맞았습니다. 내가 개그콘서트에서 '명인'을 할 때 담이는 이수근과 '고음불가' 코너를 했습니다. 담이와 함께 했다면 '명인'의 운명이 좀 달라지지 않았을까 하는 아쉬움이 있습니다.

'고수를 찾아서' 지방 공연을 계속하면서 나는 나대로, 담이는 담이대로 역할의 스타일을 잡아 나갔습니다. 우리 스타일로 진화가 된 거죠. 방송에서는 '명인'에 이어 '병만이가 달라졌어요'라는 코너가 있었고, 그게 끝나면서 당시 개그콘서트 김석윤 감독님이 새로운 브릿지 코너 좀 없냐는 말을 꺼냈습니다.

"병만아, 넌 브릿지에 강하잖아. 니가 생각하는 3천 몇백 개쯤 되는 아이템 중에 브릿지 하나만 내놔봐. 생각해 놓은 거 없냐?"
"감독님, 저는 '고수를 찾아서'를 다시 한번 해보고 싶습니다."
"고수를 찾아서?"
"예."

"야, 그거 '명인'으로 다시 약간 바꿔서 올렸는데 잘 안 됐잖아."
"이 친구 류담이랑 하면 다를 것 같습니다."

그때 담이가 옆에서 거들었습니다.

"감독님, 제가 하면 다르게 살릴 수 있을 것 같습니다."
"그렇게 자신감 있으면 한번 해보자. 근데 이거 1, 2회 만에 확 끝날 수도 있어."
"해보겠습니다."

감독님을 설득하고 코너를 짜기 시작했습니다. 지방 공연 때는 고수와 진행자 역할만 있었습니다. 원래 '쇼! 행운열차'에서 했던 것처럼 수제자가 나오면 재미가 있겠다는 생각을 해서 노우진을 합류 시켰습니다. 우진이는 '웃드라맨' 시절부터 함께해서 따로 호흡을 맞출 필요가 없었습니다. 셋이 함께 하면 무대에서 즐길 수 있겠다는 자신감이 있었습니다.

'달인'의 첫 방송을 2007년 12월 9일에 했습니다. '달인을 만나다' 1편, 2편으로 전반부와 후반부에 두 번 나갔는데, 반응이 괜찮은 편이었습니다. '와인감별사'와 '명창'의 달인이었습니다.

달인을 만나다 · 와인 감별사

와인 감별의 달인은 권위 있는 자세로 잔에 있는 와인을 한 모금씩 마시며 와인의 이름을 정확히 맞춥니다. 관객은 달인이 한 잔, 두 잔… 와인을 마실수록 상황의 미묘한 변화를 느끼죠.

멀쩡했던 달인의 표정이 조금씩 풀어지고, 몸이 조금씩 더 심하게 흔들립니다. 달인은 점점 취하다가 마침내 심하게 혀가 꼬부라진 소리로 진행자에게 한마디를 합니다.

"대리 불러 줄 수 있냐?"

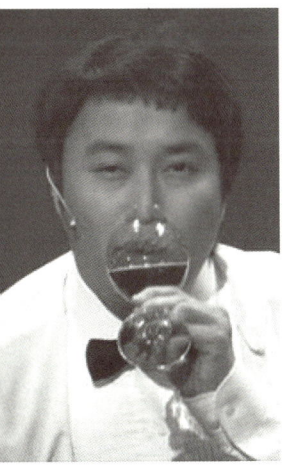  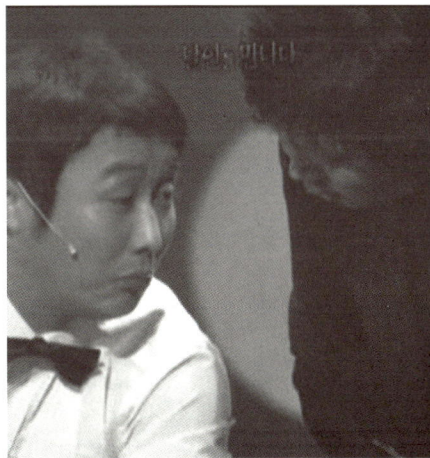

달인을 만나다 · 명창편

한복을 갓, 도포까지 제대로 갖춰 입고 나온 명창의 달인이 소개됩니다.

진행자 : 오늘 이 시간에는 근대 5대 명창중의 한 분이신 판소리의 대가 김병만 선생님을 모셨습니다.

진행자는 달인의 화려한 약력을 소개합니다. 달인은 옆에서 근엄한 표정으로 서 있습니다.

진행자 : 김병만 선생님은 인간문화재 27호로 지정되셨고, 6살 때 춘향가를 10시간 완창해서 한국 국악계를 놀라게 했습니다.

또 1972년에는 미국 카네기홀에서 한국 최초로 판소리 독창회를 개최하여 세계의 이목을 주목시키셨습니다. 현재는 한국 국악발전회 이사장으로 재직중이십니다. 자, 그럼 이제부터 본격적으로 인간문화재 김병만 선생님의…

이제 관객은 그토록 대단한 명창의 소리를 기대합니다. 달인은 부채를 펴고 준비를 합니다. 하지만 진행자는 이렇게 말합니다.
진행자 : 인간문화재 김병만 선생님의 '텔미' 보시겠습니다.

달인은 원더걸스의 '텔미' 노래에 맞춰 신나게 춤을 춥니다.

'달인' 코너가 3, 4회로 접어들자 김석윤 감독님이 걱정을 많이 했습니다. 아마 '고수를 찾아서'와 '명인'이 뿌리를 내리지 못하고 중간에 맥이 빠져버린 기억이 있기 때문이었겠죠.

"병만아, 이렇게 매회 다른 달인을 하다보면 한순간에 확 끝날 수도 있다."

김석윤 감독님, '달인'이 이렇게 오랫동안 인기코너로 자리매김할지 꿈에도 몰랐죠? 그러나 나도 압니다. 모든 건 다 끝이 있으니까요. '달인'도 언젠가는 끝나야 한다는 것을. 하지만 끝날 때 끝나더라도 더 오래 기억에 남는 코너가 되도록 최선을 다해야 한다. 그게 나의 생각입니다. 그렇게 해야 또다른 나의 모습이 저 멀리서 나를 기다려 줄 것이라고 믿기 때문입니다.

2002년 개그콘서트 가족들과 함께

개그에서 희극으로
흐르는 물은 썩지 않는다

'쉬지 않아야 한다.'

공채 합격 후에 이런 자세로 방송을 했습니다. 어떤 역할을 해서라도 방송에 얼굴을 비치고 있어야 한다는 각오였습니다. 그래야 누군가 나를 볼 거 같았습니다. 이런 희망이 있었습니다. '나를 보고 "저 사람 굉장히 웃긴다. 저 사람 한번 키워보자." 하는 사람이 나타나겠지….'

드디어 '식신 김도마' 코너를 할 때 시트콤에서 와달라는 연락을 받았습니다.

'아, 이제야 나를 찾아주는 사람이 나타났구나. 드디어 연기를 하는구나.'

꿈에 부풀어서 부지런히 달려갔습니다. 그런데 알고 보니 시트콤의 소품 담당 팀에서 연락을 한 거였습니다. 전부터 인테리어 실력이 남달랐던 나는 손재주를 타고 났다는 말을 많이 들었습니다. 인테리어 전문가조차도 나를 직원으로 쓰기 위해 설득할 정도였습니다. 개그맨이 안 되면 방송국 미술팀에서 일하면 되겠다는 생각을 했을 정도입니다.

개그콘서트 '달인'에 나온 소품도 모두 내가 직접 제작합니다.

신문지로 만든 치마, 짚으로 만든 하이힐과 속옷 세트, 박스로 만든 후드티, 종이로 만든 원피스, 대나무로 엮은 죽부인….

시트콤에서 연기를 위해 부른 건 아니었지만, 그래도 담이(류담)까지 보조로 불러놓고 소품을 제작하기 시작했습니다. 내 주위에는 KBS 아트비전의 소품 담당 전문가들이 지켜보고 있었습니다. 원하는 소품에 대해 설명을 듣고, 설계도도 없이 작업을 시작합니다. 가지고 간 커다란 가방에는 각종 장비가 들어있습니다. 담이에게 손을 내밀고 진지하게 말합니다.

"칼."

담이는 진지하게 칼을 찾아 건네어 줍니다.

"여기 있습니다."
"가위."
"여기 있습니다."
"낚싯줄."
"예, 여기요."
"풀."

아트비전 전문가들은 옆에서 감탄을 하고 있고, 마치 의과대학 교수의 공개 수술을 연상시키듯 소품이 완성되어 갑니다. 그때 그 시트콤의 감독이 '올드미스 다이어리'를 연출한 김석윤PD님입니다. 훗날 개그콘서트에서 '달인'을 만들어 준 감독이죠. 개그콘서트의 새로운 시도였던 '뮤지컬'을 만든 감독이기도 합니다. 무대에서 왜 웃기기만 해야 하나. 감동도 주자. 사람을 좀 울리자. 이런 걸 강조한 분입니다.

KBS 개그콘서트 '뮤지컬'은 가요를 배경으로 연기와 노래, 안무를 이어나가며 웃음과 감동을 줍니다. 처음 설정은 '엉뚱한 곳에서 마이크가 나오면 노래한다.'였지만 웃음보다는 감동에 초점을 맞춰 발전했습니다. 실제로 객석에서 우는 관객이 많았습니다. 노력한 흔적이 역력한 완성도 높은 무대가 끝나면 관객들은 큰 박수로 호응했습니다.

'뮤지컬'의 구성은 이렇습니다.

플라이투더스카이의 '남자답게'가 흐릅니다. 배경은 개콘은행입니다. 은행에서 한 남자가 전화를 받습니다. 수술을 앞두고 돈 걱정을 하는 아내를 안심시키고 전화를 끊습니다. 그리고 그는 은행 직원을 향해 총을 겨눕니다. 하지만 직원들을 해칠 마음이 없습니다. 죽어가는 아내의 수술비가 필요하다고 말합니다. 감동을 받은 은행장은 남자를 위해 돈뭉치를 건네줍니다. 하지만 남자는 경찰의 총에 맞습니다. 그리고 아내에게 사랑한다는 말

개그콘서트 '뮤지컬' 공연 모습

을 남기고 죽습니다.

·

내용만 보면 개그라는 느낌은 전혀 없습니다. '개그를 넘어 선 희극'을 보여주는 작품이어서 특히 좋았습니다. 김석윤 감독님은 디테일한 걸 좋아합니다. 감독님이 나한테 '너에겐 디테일한 표정이 있는데, 그게 너무 재미있다.'라며 연기에 대한 조언을 많이 해줬습니다. '한숨도 잠을 안 자는 달인'을 할 때는 표정 연기를 직접 보여주면서 내 연기를 이끌어냈습니다. 그때의 눈 연기, 고개 젖히는 연기 등 세세한 몸짓의 변화는 모두 감독님을 통해 얻은 것입니다.

감독님은 나한테 연기가 되는 사람이라고 했습니다. 대학로에서 5년이나 연극을 하다 개그맨이 됐는데도, 개그콘서트 무대에서는 말 안 하는 무술개그를 주로 해서 내가 연기를 잘 하는지, 못 하는지 관심이 없었을 때였습니다. '달인' 초기에 과장 없이, 디테일한 몸짓으로 사실적인 연기가 필요했던 때에는 감독님이 직접 연기를 해보이면서 지도를 해줬습니다. '종이접기의 달인'에서도 감독님이 직접 접어 보이면서 표정이나 몸짓을 주문했습니다.

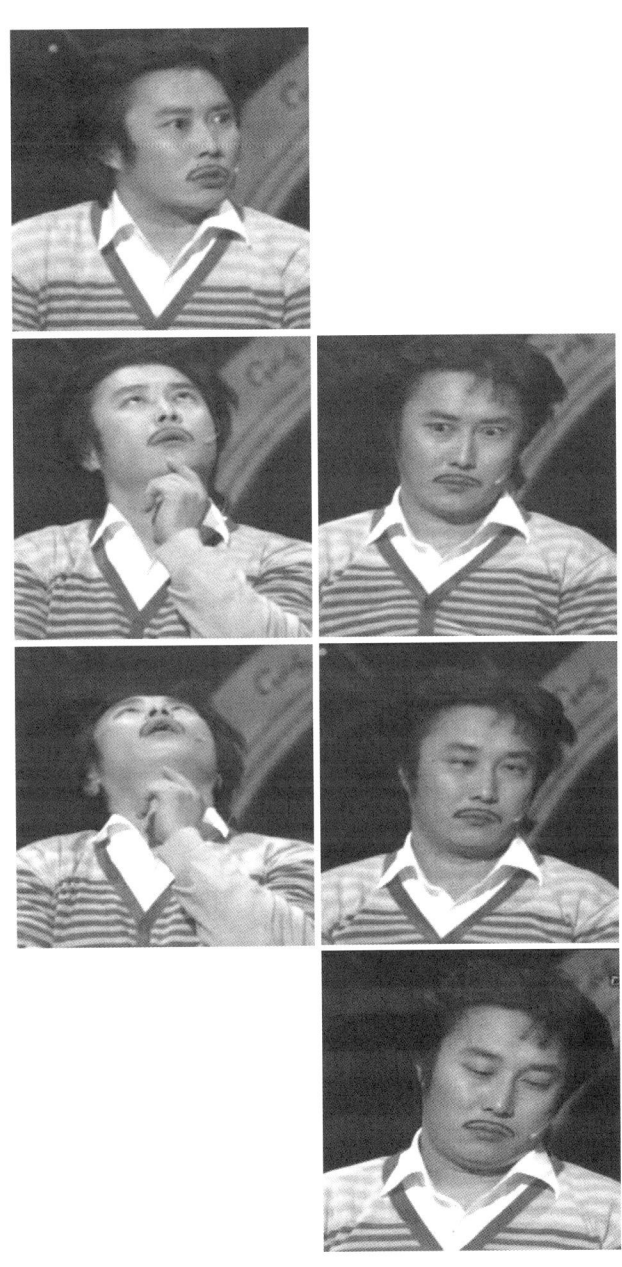

MBC 수목 드라마 '종합병원2' 출연진과 함께

Part 3 기록의 달인 김병만

'달인'을 하면서 시간이 지날수록 '예전에는 몸만 쓰는 개그맨인 줄 알았는데 연기도 되네.'라는 칭찬을 많이 들었습니다. 무술인에서 희극인으로 이미지를 180도 바꿔준 계기가 바로 '달인'이었습니다. 몇 편의 드라마와 영화에 출연했습니다. 예전에는 주로 코미디물이나 어린이물에 출연을 했는데, 달인을 하면서는 정극에서 섭외가 많이 옵니다.

드라마나 영화에 출연할 때는 개그가 아닌 희극연기를 선보이려고 나름대로 노력합니다. 개그는 스타카토의 느낌이랄까요. 포인트를 향해 단걸음에 다가가 웃음을 유발하는 짧은 호흡이라면 희극연기는 극의 앞과 뒤의 흐름을 생각해야 하는 긴 호흡이 필요합니다.

2008년 MBC 수목 드라마 '종합병원2'에서는 외과 레지던트 2년차 오영범 역을 맡았습니다. '종합병원'에서 주용만씨가 연기했던 캐릭터로 주인공 차태현과 의대시절부터 친한 선배입니다. 차태현의 진상짓을 커버해주며 풍부한 유머감각을 갖춘 인물입니다. 제가 좋아하는 감초 역할이었습니다. 즐겁게 촬영했고 좋은 분들을 많이 만났습니다. 지금까지도 종합병원에서 만난 분들과 친분을 유지하고 있습니다.

내가 만든 소품을 시트콤에 출연시켰던 재미있는 굴욕사건이 있은 지 몇 년 만에 드디어 일일시트콤에서 비중 있는 캐릭터로 출연할 기회가 왔습니다. 2008년 8월부터 10월까지 OBS의 '오포졸'에서 오버하는 무술인 '김포졸' 역할을 맡았습니다. 당시 무술을 많이 보여야 했는데, 발목이 좋지 않아서 고생했던 기억이 새롭습니다.

영화로 가장 기억나는 작품은 역시 2001년의 '선물'입니다. 데뷔작이니까요. 비록 대사 한마디 없는 개그 지망생으로 나온 역할이었지만, 촬영하면서 오기환 감독님이 웃음을 참지 못할 정도로 웃기게 연기했습니다. 그런데 사실 연기라기보다 개그였습니다.

2006년과 2007년에 연이어 출연한 '조폭 마누라3'과 무협과 코미디의 만남 '김관장 대 김관장 대 김관장'에서는 액션연기를 할 수 있었습니다. '조폭 마누라3'에서는 동방파 수족관 패밀리 '쏘가리' 역으로, '김관장 대 김관장 대 김관장'에서는 조직폭력배 행동대장 '셋째' 역이었습니다. 작은 동네에 땅투기를 목적으로 들어온 세 쌍둥이 '첫째' 이한위, '둘째' 박철민 선배님에 이어 '셋째'로 출연했습니다.

이 이외에도 MBC '친구, 우리들의 전설'[2009], KBS '다함께 차차차', '전설의 고향-조용한 마을'[2009], '드라마스페셜-소년 소녀를 만나다'[2010], SBS '아테나'[2010] 등에 출연했습니다. 내 역할이 조연이든 단 1초를 출연하는 단역이든 극 흐름에 없어서는 안 될 감초 연기로 영상을 빛내고 싶습니다.

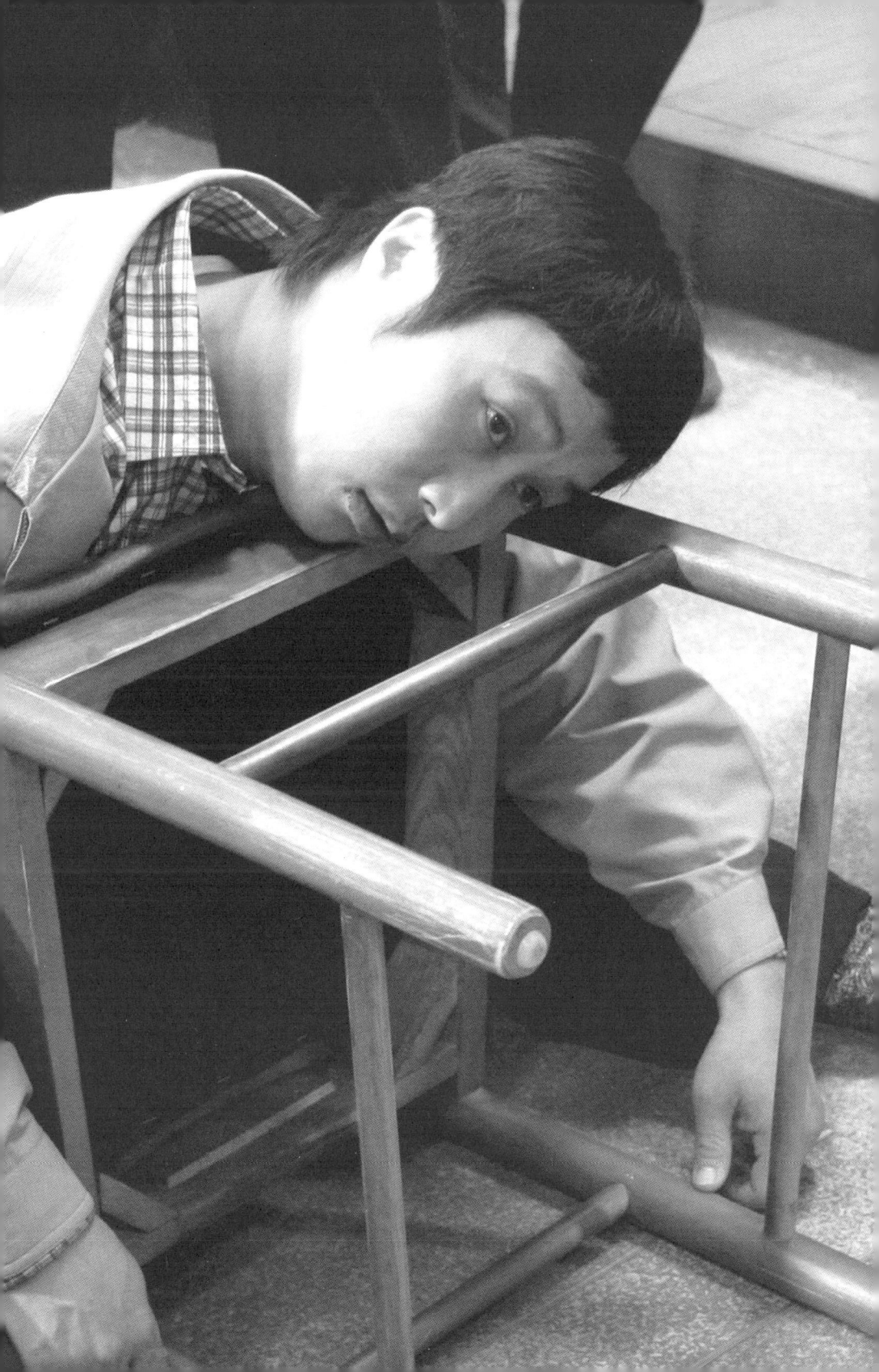

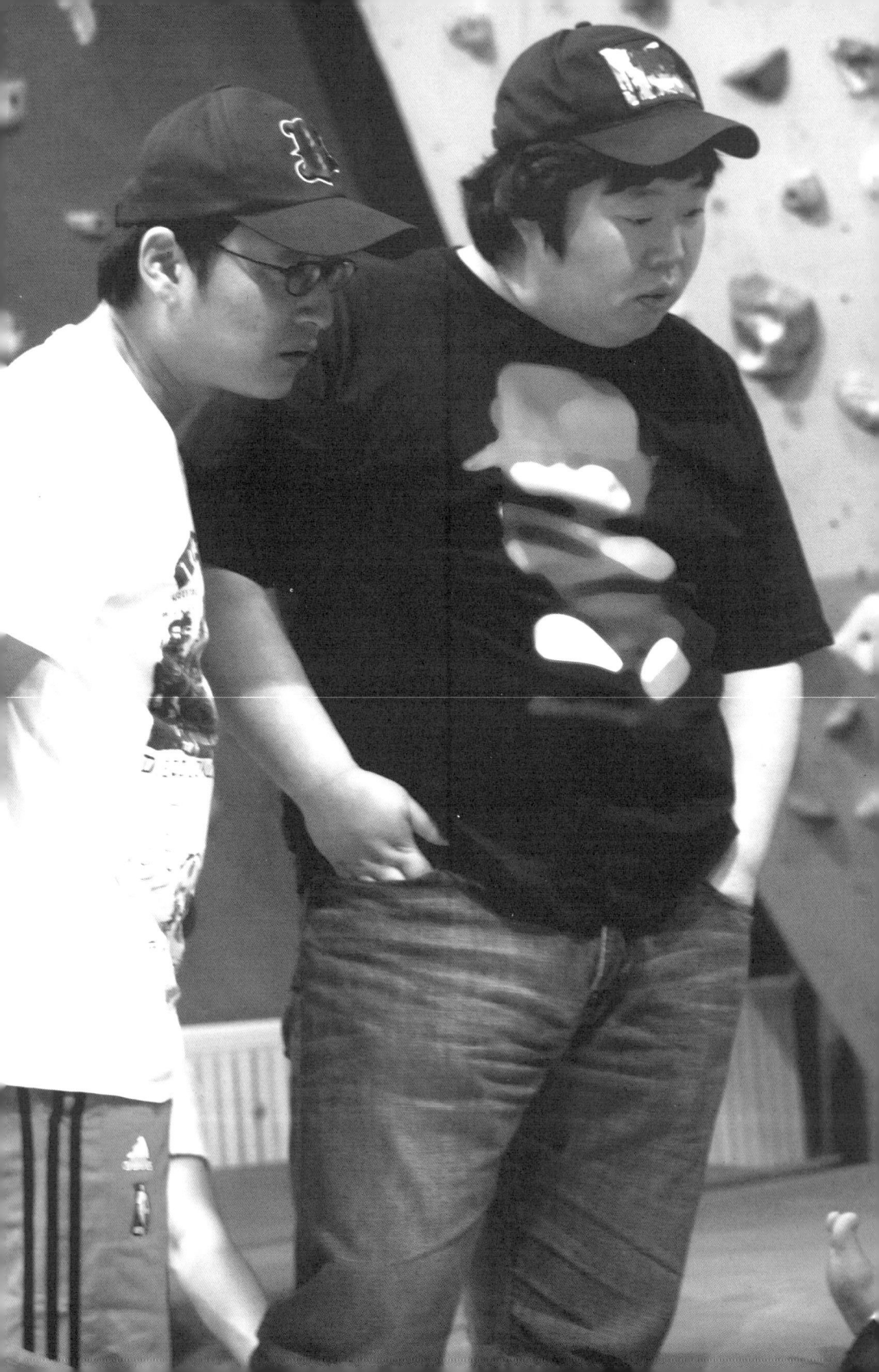

진행자와 수제자
동료와 함께 발전하라

'달인'에서 달인과 진행자가 오랫동안 주고받으면서 연기를 하면 중간에 치고 나갈 캐릭터가 필요했습니다. 그 역할이 수제자였습니다. 수제자로 우진이^{노우진}를 받아들인 이유는 4차원적인 발상이 필요했기 때문입니다. 우진이는 너무 생뚱맞아서 보통 사람들이 봤을 때, "뭐야, 쟤?" 이럴 정도로 낯선 개그를 했습니다. 한마디로 안 웃겼습니다. 그런데 그게 달인의 틀에는 맞았습니다. 말을 한마디도 안 하고 있다가 달인이 진행자한테 맞고 들어가면, 수제자라고 있는 애가 전혀 생뚱맞은 특이한 말을 점잖게 합니다. 이런 식입니다.

"저… 주차권 1장만….'

"저… 방송국 견학이라도….'

병 음료수 하나 먹고 있다가, "저… 한 병, 더….'

"집이 어디십니까? 가시는 길에 좀 태워다주시면….'

점잖은 건데, 상황은 웃긴 거죠. 수제자는 처음에 바보 캐릭터가 아니었습니다. 말쑥하게 정장을 입고 시작했는데, 점점 머리가 말아 올라가고, 짝수염이 생기고, 한쪽만 계속 길어지다 이제는 새우 수염이 됐습니다. 다 자기가 그렇게 만든 겁니다. 점점 바보가 돼 가는 캐릭터를 잡은 겁니다.

진행자도 마찬가지로 처음에는 캐릭터가 없었습니다. 그런데 점점 시간이 가면서 진행자를 반격하는 요소를 만들어 나갔습니다. 진행자와 달인의 대결 구도를 형성하면서 보다 재미있는 상황을 펼칠 수 있게 됐습니다.

개그는 호흡이 중요합니다. 우리는 서로 가정사부터 모르는 게 없습니다. 그 정도로 친하기 때문에 무대 위에서 어떤 표정을 짓는지만 봐도 '어, 쟤 오늘 안 좋은 일 있구나.' 하는 느낌이 옵니다. 벌써 알고 지낸 지 담이_{류담}와는 10년, 우진이와는 11년이 됐습니다.

담이는 처음 봤을 때부터 같이 가야겠다 싶었습니다. 보통 개그맨들이 개인기 있는 사람, 성대모사 잘하고, 비트박스 잘 하는 그런 후배를 좋아합니다. 나는 17기고, 담이는 18기로 한 기수 밑에 후배지만, 실제 나는 공채되기 전인 15기에 방송에 데뷔를 했기 때문에 3년을 개그맨으로 보내다가 담이를 만난 겁니다.

방송국에서 햇수로 3년을 보내 봤잖아요. 개인기 보다는 연기력이 뛰어난 사람이 오래 갈 수 있다는 걸 많이 보고 느꼈죠. 담이는 연극과를 나와서 연기전공이에요. 내가 서울예전을 6번이

나 떨어졌는데, 정말 가고 싶은 학교, 가고 싶은 과가 거기였는데 담이는 거길 한 번에 붙은 사람입니다. 또 내가 7번을 떨어진 개그맨 공채 시험에도 한 번에 붙은 친구고요. 내공이 있는 사람이죠.

나는 그 학교 출신 사람들의 연기 스타일을 너무 좋아했습니다. 이 친구가 꿈을 말하면서 정말 버라이어티보다는 연기 쪽으로 희극배우가 되고 싶다고 했을 때 '이 사람이구나.' 했습니다. 꿈도 같았고, 시쳇말로 죽이 잘 맞는다고 하죠? 이 친구랑 밤이나 낮이나 같이 다녔습니다.

우리는 술을 참 좋아했거든요. 대학로에서 연극할 때부터 절 응원해준 대방동 M호프집에 자주 갔습니다. 내가 살던 옥탑방 근처에 있었습니다. 길을 지나다가 손님이 없는 조용한 호프집이 있어서 그냥 들어갔어요. 술을 마시고 있는데 가게 사장님이 이것저것 챙겨 주는 거예요. 연극할 때라 돈도 없고 그래서 안주도 없이 맥주만 한두 잔 마시고 나왔는데, 내 모습이 안쓰러웠는지 나를 조카처럼 대했습니다.

그 후로 나도 사장님을 이모라고 부르면서 따랐습니다. 내가 낮을 많이 가리는데, 한번 정이 들면 또 '올인'하는 스타일입니다. 이모님한테 '저는 이런 꿈이 있습니다. 꿈을 향해 달릴 겁니다. 제가 개그맨이 꿈입니다.' 이런 얘기를 자주 했습니다. 그러면 내 얘기를 들어주고, 맞장구쳐 주고 용기를 북돋워 줬습니다. 정이 많이 들었는데 어느 날 이모님이 가게를 내놓고 호주로 이민을 간다는 겁니다. 그러면서 가게를 인수할 분한테 나를 인계했습니다. 힘든 애니까 잘 좀 봐주라고….

그 이모님을 찾고 싶은데 연락도 안 되고. 정말 보고 싶습니다. 내가 잘 된 거 알까요. 어려운 시절에 받은, 어떻게 보면 작은 호의에 불과할 수도 있지만 그 시절에는 큰 위안이 됐습니다.

이모님이 소개해준 M호프집의 새 사장님도 나를 잘 대해 줬습니다. 내가 피곤해서 자고 싶어 하면 룸에 들어가 쉬라고 하고, 룸이 2칸밖에 없는 호프집인데 손님이 와서 자리가 부족해도 나를 깨우지 않고 잘 수 있게 배려해 주고 그랬습니다. 나란 존재는 아무것도 아닌 시절이었는데, 넌 잘 될 수 있다며 응원해주었습니다.

개그콘서트 데뷔하고는 방송을 보고 모니터도 해줬습니다. 녹

대기실에서 후배들과 함께

Part 3 기록의 달인 김병만

화가 끝나면 담이를 비롯한 후배들을 데리고 가서 맥주를 한잔씩 마셨습니다. 무명시절이라 술값을 치를 돈이 늘 부족했습니다. 개그콘서트 출연료가 나오는 날 밀린 술값을 드렸습니다. 늘 외상이었는데도 갈 때마다 그렇게 반가워했습니다. 흠뻑 취하고 싶어도 그럴 여유가 없었습니다. 돈도 없고, 시간도 없었습니다. 술보다는 그 자리에서 새로운 아이디어를 구상하는 자리가 됐습니다.

술을 마신 다음날은 항상 라면을 끓여 먹었습니다. 다들 한창 배고플 때라 그랬는지 끓여 먹으려고 찾아보면 라면은 언제나 한 개밖에 남아있지 않았습니다. 그러면 담이가 냉장고를 열어서 먹을 수 있는 걸 다 꺼냅니다. 그리고 라면에 모조리 때려(?) 넣습니다. 양을 늘리기 위해 라면을 죽처럼 푹 고아 먹었습니다. 아니, 마셨습니다.

공채 시험에 합격하고 월급을 받게 되자 덜컥 차를 샀습니다. 당시 최고의 차였죠. 소위 신형 '뺵그렌저'였습니다. 살 처지가 아니었는데, 과용인걸 알면서도 샀습니다. 선납금 없이 전액 할부로 샀습니다. 그때 담이가 거의 매니저 역할을 했습니다. 그 차를 타고 양평에서 일하고 있던 수근이한테 가서 보여주기도 하고 그랬습니다. 몇 달 되지 않아서 할부금을 감당할 수 없어서 팔았습니다. 그래도 그 차로 폼도 잡아보고 동생들한테 타라고 빌려주기도 하고 좋았습니다. 담이는 그럽니다. '차 맛만 봤습니다.'라고.

담이도 그랬지만, 우진이도 개그맨을 포기하려던 때가 있었습니다. 꿈이 개그맨이었는데, 하다가 잘 안 되니까 다른 길을 찾아야겠다는 거예요. 나도 그런 상황이 있었으니까 누구보다 이해했습니다. 하지만 말렸습니다. 이것보다 더 잘하고, 나을 게 있었다면 안 말렸을 겁니다. 개그맨을 향해 7, 8년을 쉼 없이 달려 왔는데 안 된다고 해서 다시 돌아가면 너무 아깝잖아요. 나도 그래서 포기를 못 한 부분이 있는데…. 우진이가 그때 백화점 행사 아르바이트를 하고 다녔습니다. 이런 얘기 하더라고요.

"형, 백화점 야외무대에서 진행하는 아르바이트, 그거 계속 해야 할 것 같아. 개그맨은 자신이 없어."
"너 지금까지 해온 건 다 잊고, 마지막으로 도전을 해봐. 그리고 너 형 자취방으로 들어와라. 내가 도와줄게. 나만 믿고 들어와. 개그 짜는 거부터 다시 해보자."

나도 아무것도 없는 빈털터리고 인기도 없는 무명 개그맨이었는데 자신감 하나는 세계 최고였습니다.

"마지막으로 한번 해보자. 1달이 될 수도 있고, 1년이 될 수도 있고, 10년이 될 수도 있다. 형만 믿고 따라와 봐."

마치 '마지막 한 번만 더 도전해 봐라'는 말로 들리지만 좀 생각해보면 10년이 되더라도 될 때까지 해보자는 말이었습니다. 끝까지 손을 놓지 않을 셈이었습니다. 나는 우진이에 대한 믿음이 있었습니다. 감을 아니까요. '우진이보다 못 한 친구들도 현역에서 뛰고 있는데 이 친구는 그 이상의 능력을 가지고 있는데 기회가 없어서 못 펼치는 거다'라고 생각했습니다.

자취방으로 데리고 들어와서 같이 개그 준비를 했습니다. 한 달 만에 공채시험을 봐서 합격을 했습니다. 그때 나도 울컥 하더라고요. 합격하고 와서 별말은 없었습니다. 데리고 술 마시러 갔죠. 거기서 그러더라고요. "고맙습니다."

그런데 재미있는 게 합격되자마자 돌변해서 '형, 형' 이러면서 따르던 놈이 '선배님' 이러면서 나를 되게 깍듯하게 대하는 겁니다. 그러면서 자취방에서 서둘러 나가는 겁니다. 짐도 다 놓고 몸만 급하게 나갔습니다. 몇 달이나 지나서야 짐을 찾아갔어요. '왜 가냐고, 같이 있자고' 서운한 말도 하고 그랬습니다. 생각해보면 내가 직속 선배가 됐잖아요. 개그맨들은 어떻게 보면 단체생활입니다. 그동안 내려온 체계가 있잖아요. 나는 우진이랑 친해서 편하게 지내자고 하지만 후배 입장에서 못 하는 겁니다. 나랑 우진이 사이에 또 수많은 선배들이 있잖아요. 누구나 밟는 신인 과정이었던 겁니다.

담이와 우진이는 그냥 단순히 코너만 할 때 만나는 후배가 아니라 평생 같이 갈 가족입니다. 우리 셋 다 운동을 했던 사람들이라 평소 살가운 말을 잘 못 하는데, 형이 정말 사랑한다고 말하고 싶습니다.

류담 달인을 말하다

선배님, 밥 말아 드실래요?

운이 좋았는지 대학 졸업하면서 KBS 개그맨 공채시험을 봤는데 한 번 만에 합격했다. 공채 18기로 형김병만보다 한 기수 아래였다. 2002년 17기로 들어온 개그맨은 정형돈, 김병만, 권진영, 이정수, 김다래, 김민정, 이경우 선배이고, 2003년 18기는 나와 장동혁, 강주희, 오지헌, 채경선, 김진철, 김병헌, 서지영, 이동혁이다.

나는 첫 데뷔를 동기 중에 가장 빨리 했다. 2003년 3월에 붙었는데 6월에 바로 코너에 투입 됐다. 보통 개그맨 선배들은 공채 시험에 붙은 친구들이 들어오면 같이 갈 후배들을 선택한다. 그때 끼가 많거나 무엇이든 돋보이는 사람을 선택하기도 하고, 추구하는 개그 스타일이 비슷한 사람을 선호하기도 한다.

형이 생각하는 진정한 꿈은 희극배우다. 나도 서울예전 연극과를 졸업하고 희극배우의 꿈을 가지고 있었다. 그 때문인지 한눈에 서로 마음이 오갔다. 반면에 다른 선배들은 나를 눈여겨보지 않았다. 형돈이정형돈 형은 나한테 '너 개그맨 어떻게 됐냐?'는 농담을 던지곤 했다. 나는 진지한 가운데 웃음을 유발하는 스타일이 좋았다.

내 첫 데뷔가 '식신 김도마' 코너였다. 내 대사가 하나도 없었다. 병만이 형도 그랬다. '식신 김도마'는 요리사 김도마김상태와 여자 진행자김민정, 보조 요리사 2명김병만, 류담이 나와 음식 만드는 과정을 보여주는 코너다. 병만이 형과 나는 무를 썰어 깍두기를 담그고, 쌀로 막걸리를 만들어 마시는 과정을 묘기에 가까운 무술로 보여주며 코너의 감초 역할을 했다.

녹화를 하기 전 무술을 맞춰봐야 하는데 둘 다 신인이라 마음껏 연습할 곳이 마땅치 않았다. 그러다 생각해낸 곳이 지금 KBS 별관 후문 쪽에 자갈이 깔려 있는 마당이다. 거기에 소품을 갖다놓고 연습을 했다. 무를 던지고, 구르고, 뛰고, 소리 지르고, 과일을 날려 조각내고… 그러면 수위아저씨가 쫓아와 나가라고, 다 어질러 놓고 뭐하는 거냐고 야단을 쳤다. 아저씨는 우리가 개그맨인지도 몰랐다.

형은 내가 뭘 얘기하면 다 재미있어 해줬고, 또 형이 얘기한 게 나도 재미있었다. 그런데 당시 개그콘서트의 트렌드는 우리 스타일이 아니었다. 옥동자 정종철 선배가 성대모사를 하고, 박준형 선배가 무 갈고… 이런 독한 캐릭터가 주류를 이뤘다. 지금은 내가 살이 쪄서 그나마 캐릭터를 잡기 편한 점이 있지만, 신인 때는 외모가 정말 밋밋한 모습이었다.

형도 무술하는 이미지만 있지 연기라는 게 없었다. 인지도 낮은 두 녀석이 계속 붙어 다니면서 개그를 짜고, 지지고 볶고 그러니까 사람들이 눈치도 좀 주고 그럴 정도였다. 큰 인기를 얻지 못하고 고만고만한 재미를 주다가 사라질 개그를 세상에서 가장 재미있다는 듯이 둘이 난리를 치니까 말이다.

그때 우리집은 형편이 좋지 않았다. 강남에 살고 있어서 사람들은 잘 몰랐지만 심각할 정도였다. 형은 대방동 지하방에 살 때였는데, 나한테 자기 자취방으로 들어와 같이 살자고 했다. 강남이라서 여의도에서 가까운 대방동으로 옮기면 시간적으로 장점이 있었고, 무엇보다 좋아하는 형이랑 같이 사는 게 재미있을 것 같아 신났다. 개그맨 선배고 TV에 나오고 그러니까 어느 정도 잘 살고 있겠지 싶었다. 또 너무 자신있게 "우리집에서 같이 살자." 그러면서 데리고 갔으니까.

그런데 지하방을 보자마자 몰래카메라가 아닐까 생각했다. 나는 그렇게 허름한 집을 본 게 난생 처음이었다. 게다가 본인이 먹을 밥도 충분하지 않으면서 나를 거두겠다니…. 형이 그렇게 형편이 어려운지 그때 알았다. 그런 사람을 전에는 만나 본 적이 없었다. 마음을 다 내주는 사람. 가진 게 그거밖에 없어도 다 내줄 수 있는 사람.

2003년에 형은 솔직히 개그콘서트에서 인기가 없었다. 17기 동기인 정형돈, 김다래, 이정수 선배는 한창 인기를 얻고 있었다. 후배들도 소위 잘 나가는 선배들과 함께 하길 원한다. 하지만 대방동 지하방에 처음 갔을 때 나는 이 형이 그들만큼 성공할 거 같은 예감을 받았다. 한 마디의 애드립 때문이었다.

햇빛도 안 드는 지하방에 처음 가서 짐을 놓고, 점심을 먹었다. 형 자취방은 개그맨과 형 친구들의 사랑방 같은 역할을 하고 있었다. 형이 서울에서 잘 곳 없이 고생을 해서인지 후배들이나 친구들에게 자취방을 아예 개방해 놓고 살았다. 그래서 늘 좁은 자취방은 집 없고, 돈 없는 사람들로 바글댔다. 사람들이 많이 살다보니 항상 먹을 게 없었다. 라면 하나도 귀한 아이템이었다. 그때 점심으로 형은 아껴둔 라면을 하나 꺼내더니 끓여주었다. 라면을 먹으며 내가, "선배님, 밥 말아 드실래요?" 그러니까,

"아니, 난 집안 말아 먹을 거야."

라면이 코로 들어갈 만큼 웃었다. 아, 이 형이 지금은 비록 대방동 지하에 살지언정 앞으로 잘 될 거 같다는 강한 예감을 받았다. 그 뒤로도 그런 애드립이 빵빵 터졌고, 나는 점차 이 형이 천재가 아닐까 생각했다.

하루는 형이 나를 부르더니, 가장 진지한 목소리로 심각하게 애

Part 3 기록의 달인 김병만

기했다.

"담아, 진짜 내 친구 중에 대단한 애가 있다."
"그렇습니까?"
"천재야, 전설적인 천재."

천재가 인정한 천재니까 나는 얼마나 대단한 사람일까 싶어 귀를 기울였다.

"얘를 우리가 데려다 방송을 하게 해야 한다."
"그분이 누구십니까?"
"이수근이라고 있다."

"얘만 있으면 진짜 게임 끝이다. 내가 20% 발휘할 걸 200%까지 끌어 올릴 수 있게 해주는 애다. 삼겹살 좀 사가지고 찾아가자. 너 돈 있지?"

그런 분을 만나는 게 영광이었다. 비오는 날 밤에 삼겹살을 양손에 들고 수근이 형이 있는 양평 수련원에 찾아갔다. 무림 고수를 찾아가는 기분이었다. 당시 수근이 형은 생계 때문에 개그맨을 포기하고 지방에 내려가 레크레이션 강사로 활동하고 있었다. 만나보니 전설의 천재라는 분이 양평 수련원에 사는 일반인이었다. 수더분한 동네 형 같은 느낌이었다. 나는 전혀 천재라는 느낌을 못 받았는데 과연 천재는 천재를 알아보는 모양이다. 형의 계속 된 설득에 결국 개그를 다시 시작한 수근이 형은 '고음불가' 코너로 개그계를 평정하더니 지금은 1박2일로 큰 인기를 얻고 있다.

개그맨 생활에 잘 적응하고 인지도도 점차 높아질 무렵 우리 아버지가 폐암이라는 걸 알았다. 마인드 콘트롤이 되지 않았다. 개그를 하고 있어도 흥이 전혀 나지 않았고, 무대에 서는 것 자체가 힘들었다. 큰 충격을 받은 나는 감독님한테 '개그콘서트 그만 하겠다. 아버지 병간호를 해야겠다.'고 하고 바로 그만두었다. 내가 장남이었다. 개그콘서트를 떠나 병원에서 아버지 간호를 해야 한다는 생각을 하고 있었다.

한 달쯤 지났을 때 형이 병원으로 찾아왔다.

"너, 계속 이러고 있을 거야?"

대뜸 화를 냈다.

"너 병원비는 앞으로 어떻게 마련할 거야?"

난 아예 그 생각까지는 못했던 거다. 심적으로 힘드니까 무대를 내려오고 현실을 잊은 거다. 생각해 보면 내가 병원에서 이러고 있을 때가 아니었다. 집안이 어려워 당장 병원비부터 구해야 했다. 정신을 차리고 형의 도움으로 새 코너를 짜가지고 그 다음 주에 바로 무대에 섰다. 그 코너가 '살리고 살리고'다. 아마 형이 그때 나를 놔버렸다면 개그콘서트를 지금 안 했을 수도 있다. 그때 충격이 너무 컸기 때문에 개그를 포기했을 거다.

우리는 무식하게 열심히 하는 스타일이다. 밤 10시, 12시까지 코너 회의하고 그런 거는 다반사였다. 눈 뜨고 감을 때까지 코너 생각만 했다. 밥 먹다가도 코너를 짜고, 잠을 자다가도 코너를 짰다. 항상 준비했다. 아마 지금 후배들은 그렇게 안 할 거 같다. 일이 우선이라 술도 대충 마실 정도였다. 쉬지 않고 개그를 짰다. 만나면 웃길 거 없나, 어디를 가도 웃길 거 없을까? 하는 생각뿐이었다.

나는 형이 늦게 인기를 얻은 게 오히려 다행이라는 생각을 한다. 지난 10년간 열심히 쌓아온 노력이 인기의 상승점을 찍었을 때 바로 내려가지 않는 내공이 된다. 개그맨이 되자마자 큰 인기를 얻은 친구들이 있다. 그런 친구들은 인기를 어떻게 이어가야 할지 모른다. 자신이 제일 잘 하는 걸로 잘 됐는데, 그 다음에는 다른 걸 개발하기 힘든 거다. 새로움이 없으면 인기는 쉽게 없어진다.

우리 달인 팀은 그 흔한 해외여행 한번 간 적이 없다. 여유가 없어서 그런 것도 아니다. 예전에 '갈갈이패밀리'에 같이 소속되어 있을 때 해외 공연을 갈 기회가 있었다. 공연을 하고 3일 쉬다 오자는 계획이었다. 형은 3일이라는 시간을 쉴 수 없어 여행을 포기했다. 코너를 짤 시간이 부족할 수 있다는 부담감 때문이었다. 나는 가고 싶었지만 형이 안 가서 안 갔다. 전에 KBS에서 개그콘서트 개그맨들을 단체로 태국에 여행을 보내줬는데, 그 때는 형이 안 갔다. 내가 신인이라서 여행갈 자격이 없었기 때문에. 우리는 이렇다.

> 노우진 달인을 말하다

내가 사는 나라, 적어나라

형 김병만을 처음 봤을 때 얘기 안 해도 시골에서 막 올라온 느낌이었다. 영화 '선물' 현장에서 만났다. 우리 모두 백제현 선배 밑에서 배우는 개그 지망생이었다. 그때 처음 봤을 때 형은 정장 바지에 위에는 셔츠를 입고 있었다. 셔츠 깃을 빳빳하게 세우고 나름 갖춰 입고 온 건데, 우리가 보기에는 시골 느낌이 물씬 났다. '시골에서 개그하려고 올라왔다'는 걸 누구나 알 것 같은 모습이었다. 머리는 바싹 자른 '스포츠 머리'에 다부진 체격.

Part 3 기록의 달인 김병만

형이 모르는 사람을 만나면 처음에는 조용하다. 항상 무게를 잡고 있어서 우리들 사이에서는 '접근하기 힘든 시골에서 올라온 개그 하는 사람'이었다. 팀을 짜서 개그를 하고 있었는데 우리 팀에 문제가 좀 있었다. 팀원이 부딪칠 때 우연히 고민을 털어놓게 됐는데 그때 이 형이 얼마나 따뜻한 사람인지 알게 됐다. 장난치고 가볍게 얘기하는 사람들 틈에서 진지하게 말을 들어주고 도와주려는 모습을 보고 좋아했다. 하지만 친해지니까 그 누구보다 장난 잘 치고, 재미있는 형이었다. 그런 반전이 싫지 않고 더 좋았다.

형이 공채되기 전에 거의 많이 붙어 있었다. 아침 눈 뜰 때부터 장난하기 시작하면서 눈 감고 잘 때까지 장난쳤다. 같이 살지는 않았지만 일주일에 반은 형네 집에 있었다. 그때가 2000년 말에서 2001년이었다. 담이(류담) 형은 군대 갔다와서 알게 됐다. 내가 군대 간 사이에 병만이 형이 담이 형을 만났다.

병만이 형 소개로 담이 형을 처음 만났을 때가 기억난다. 대학로 '갈갈이극장'에 가서 병만이 형한테 소개를 받았는데, 보자마자 데리고 나가 햄버거를 사줬다. 그때 포스가 굉장했다. 나는 잘나가는 사람인줄 알았다. 그런데 알고 보니 곰털 쓰고 있고….

사실 군대 가기 전 영화 '선물'을 찍으면서 백제현 선배한테 재능도 인정받았고, 별다른 어려움 없이 특채로 개그콘서트 무대에 섰다. 2000년이었다. 시청률이 좀 안 나올 때였다. 쉽게 방송 무대에 서니까 개그맨이라는 직업도 쉽게 생각했다. '내가 정말 개그를 잘 하나 보다. 방송에 출연하기 쉽구나.' 20살 때였으니까 철이 없었다.

그런데 정식으로 개그맨 공채시험을 몇 번 봤는데 최종 문턱까지 가서 매번 떨어졌다. KBS 공채시험을 봤는데 최종에서 떨어지고, MBC 공채시험도 봤는데 최종에서 떨어지고, SBS는 연수까지 받았는데 최종에서 떨어졌다. 방송 3사에서 다 떨어져 보니까, 될 것 같은데 문턱에서 안 되니까 또 바로 좌절을 했다. '나는 공채 개그맨이 되기는 힘드나 보다.'

그래서 군대 가기 전까지 쇼핑몰에서 MC를 봤다. 해보니 레크레이션 MC가 더 맞는 거 같았다. '이벤트 업계로 가야겠구나.' 하고 개그맨의 꿈을 포기를 하려했다. 군대 휴가 나와서 마음의 결정을 병만이 형한테 얘기 했다.

"그러지 말고 한 번 만 더 해봐. 조금만 더 하면 될 거 같은데."

"형, 매번 최종 문턱을 못 넘고 떨어지잖아. 난 안 될 거 같아."

나는 합격의 문턱에서 모두 낙방한 사실 때문에 포기하려 했는데, 형은 반대로 이렇게 말했다.

"야, 방송 3사 전부 최종까지 올라갔다는 걸 보면 니가 능력이 있다는 거 아니냐?"

나는 불합격한 것만 생각하고 있었는데, 형 말을 듣고 1, 2차 합격한 사실이 크게 느껴졌다. 그리고 형이 애원하다시피 나를 놓지 않았다. '아무 걱정하지 말고, 다른 생각하지 말고, 내 자취방으로 들어와서 개그만 준비하자. 형 믿고 한 번만 더 해보자.' 형의 말에 '알겠다. 그럼 노력을 해보겠다.'고 말했다. 정말 제대하고 한 달 동안 형네 집에서 합숙을 하며 하루 24시간 공채시험 준비를 했다. 그리고 한 달 만에 거짓말같이 합격을 했다.

2005년 1월 30일에 제대해서, 3월 16일 공채시험에 최종 합격이 됐다. 형이 아니었다면 지금의 나는 없다. 개그맨을 지망하는 친구들 중에는 나같이 포기하는 친구들이 많이 있다. 내 손을 놓지 않는 병만이 형 같은 선배가 없었다면 아마 나도 많은

이들처럼 다른 곳에 일하고 있을 거다.

달인 수제자 역할을 처음 제의 받았을 때 내키지 않았다. 아니, 정말 싫었다. 그 전에 '범죄의 재구성', '뮤지컬' 코너에서 큰 비중으로 출연한 내가 존재감 없이 서있다 들어가는 바보 역할을 하리라고는 상상도 못 했다. 그때 그 두 코너는 큰 인기를 끌었다. 하지만 '범죄의 재구성'에서는 범인 곽한구가 보였고, 황현희 선배는 '조사하면 다 나와'라는 유행어를 만들었다. 뮤지컬에서는 신봉선, 김재욱, 유민상, 이동윤을 기억하지만 내가 같이 한 건 잘 모른다. 코너는 잘 됐지만 나는 존재감이 없었다. 그래서 다음 코너에서는 내가 보이는 코너를 해봐야겠다고 다짐하고 있었다.

사실 그때는 내가 개그콘서트에서 스마트하고, 말 잘하고, 노래 잘하고, 외모도 잘 생긴 신인이라고 생각했다. 여전히 철이 없었다. 버라이어티 MC가 꿈인 사람한테 어눌한 수제자 역을 하라니 싫을 수밖에 없었다. 집에서도 반대가 많았다. 아버지는 그 전보다 더 비중 없는 역할이라서 걱정이 많았다.

병만이 형의 제의라서 마지못해 '알았어요.'라고 했다. 병만이 형이 어떤 형인가. 날 개그계로 이끌어준 멘토이지 않은가. 거절하기 힘들었다. 하지만 사실, 수제자 역할을 수락한 다른 이유가 더 있었다. 병만이 형과 담이 형을 좋아하고 친했지만, 데뷔하고 셋이 뭉쳐 코너를 한 번도 하지 못했다. 셋이 성격이나 취향도 잘 맞고, 개그 스타일도 비슷해서 꼭 한 번 같이 코너를 하고 싶었다. 내 비중이 작더라도 나는 '달인' 하면서 또 다른 코너를 하면 된다고 생각하면서 '달인'을 시작했다. 그런데 한 달도 안 돼서 반응이 너무 좋은 거다. 몰입을 했다.

처음에는 수제자 캐릭터라고 잡힌 게 없어서 첫 회에는 말끔한 정장을 입고 나갔다. 그런데 정장을 입고 4차원 개그를 하니깐 사람들이 이해를 못 하는 것 같았다. 그래서 '추리닝'에 가발도 써보고 우스꽝스런 분장을 해봤더니 똑같은 개그라도 사람들이 더 웃었다. 이거다 싶었다. 분장은 최대한 바보스럽게 하고 목소리나 톤은 진지하게 갔다.

우리 셋은 모두 진지한 가운데 웃기는 개그를 추구한다. 세 역할이 구분되어 있으면서도 모두 품행에 절제가 있다. '달인'의 성공이 거기에 있는 것 같다. 형들이 '무조건 진지하게, 오버하지 말자'고 한다. 보통 바보 캐릭터라고 한다면 영구와 맹구로

이어지는 분위기가 있다. 그렇지만 그 예상을 깨고 우리는 진지하게 가는 거다. 무겁게 가다가 상황이 반전되는 스타일. 그래서인지 어려서부터 저우싱츠^{주성치}를 좋아했다. 진지한 가운데서 배를 잡고 쓰러질 웃음 포인트를 찾아내는 코미디가 좋았다.

셋이서 항상 '달인'만 생각하고 다녔다. 한 사람이 의견을 내면 살을 붙이고, 조합을 해서 코너를 구성했다. 자다가도 아이디어가 떠오르면 서로 통화를 했다. 내가 막내니까 불쑥불쑥 나오는 개그 소스를 다 적어놓는다. 형들은 수시로, '야, 이거 적어 놔라.'고 한다. 오죽하면 '내가 사는 나라가 적어나라야?' 라는 말을 할 정도다.

병만이 형이 평소에는 참 산만하다. '달인' 회의를 할 때도 계속 자리를 뜬다. 돌아다니다 와서 회의하고 그런다. 그런데 무대만 올라가면 사람이 달라진다. 대단한 집중력을 가지고 자기가 할 거 이상으로 해낸다. 그래서 '정말 달인은 달인이구나.'라는 생각을 매회 하게 된다.

'달인'을 위해 전문가한테 배우러 갈 때가 많다. 거기서 진짜 달인들이 항상 이런 말을 한다. "제가 가르친 사람들 중에 제일 빠르게 하시네요."라고. 타고 났구나 싶다. 배워서 되는 게 아닌 부분이 많다. 감으로 하는 게 많으니까.

의외의 모습도 있다. 약간 낯가림이 있다. 아주 심하진 않지만 소심한 편이다. 상처도 많이 받고 외로움도 많이 탄다. 친한 사람한테는 장난도 많이 걸고 그러지만 별로 안 친하면 점잖다. 장난 걸고 꼬집고 깨물면 '저 사람과는 친하구나.'라고 보면 된다. 그런데 정작 본인은 꼬집히는 걸 참지 못한다. 남이 꼬집거나 무는 걸 진짜 싫어한다. 병만이 형을 괴롭히고 싶으면 꼬집어보길 바란다. 특히 허벅지.

'달인' 코너를 그만둘 때

모든 건 다 끝이 있으니까요. 구체적인 구상을 한 건 아니지만
만약 개그콘서트에서 '달인' 코너를 마무리 한다면 평소처럼 할 거 같습니다.
만감이 교차하겠지만 무거운 분위기를 연출하고 싶지는 않습니다.
개그를 관두는 게 아니잖아요. 다른 코미디를 또 계속 할 거니까요.
다음 코너를 위해서 또 열심히 웃으며 달려가는 모습이 될 것 같습니다.

기어서라도 가겠습니다

'달인'을 만난 지 어느덧 3년 9개월이 넘어 갑니다. '봉숭아학당'을 뺀 단일 코너로 최장수 기록을 세우고 있습니다. '달인'을 계속 하는 한 어려움이 있어도 포기하지 않고 한계를 넘기 위해 달려가겠습니다.

한계 상황에서

도전은 한계를 넘기 위해 달리는 것이다

조금 위험한 도전을 할 때는 '절대 따라하지 마세요.'라는 자막이 뜹니다. 철저한 연습과 리허설을 통해 지금까지 사고라든가 NG 없이 '달인'을 끌어왔습니다만 그간 위험했거나 당황했던 순간들을 떠올려 봤습니다. 사실 조금 무모하게 도전한 아이템이 있긴 합니다.

가장 위험했던 '달인'이라면 '사다리 타기의 달인'을 꼽아 봅니다. 14미터의 사다리를 수직으로 세우고 올라가는 연기였습니다. 리허설 때 실패를 거듭 했습니다. 감독님이 녹화 전에, '하다가 안 되면 무리하지 말고 "다음주에 하겠습니다." 하고 내려오라'고 했습니다. 실패할 것에 대한 부담감 때문인지 무대에서 눈에 띄지 않는 큰 실수를 했습니다.

최소한의 안전장치로 마련한 홈에 사다리를 끼우고 올라가야 하는데 끼우다가 잘 안 되니까 그냥 걸치기만 하고 올라간 겁니다. 녹화 전에 바닥에 사다리를 끼울 수 있는 홈을 만들었습니다. 녹화 때 사다리가 관객 쪽인 앞으로 넘어가지 않도록 사다

개그콘서트 '사다리타기의 달인' 공연 모습

리다리를 홈에 끼우고 올라갈 계획이었습니다.

·

내가 올라가다가 무게 중심이 뒤로 쏠려서 뒤로 쓰러지면 나만 다치면 되지만, 사다리가 앞으로 넘어가면 관객을 덮칠 수 있었습니다. 홈을 파놓는 안전장치를 했기 때문에 크게 걱정하지 않았습니다. 그런데 녹화에 들어가서 홈에 사다리를 못 끼우고 진행이 된 겁니다. 워낙 사다리가 컸고, 그걸 끼우자고 시간을 보내면 분위기가 싱거워질 것 같았습니다.

물론 앞으로 넘어갈 확률은 거의 없었습니다. 진행자와 수제자가 만일의 사태를 준비하고 있었고, 사다리 아래에 각목을 기대 놓기까지 했으니까요. 잘못되더라도 최소한 객석 쪽으로 넘어가지 않도록 말입니다. 관객들은 전혀 몰랐습니다. 알았다면 아마 위험을 느껴서 제대로 못 봤을 겁니다.

녹화가 시작되면서 바닥에 고정시키지 못한 사다리를 타고 올라갔습니다. 스태프들 얼굴이 긴장으로 굳고, 진행자와 수제자도 긴장한 모습이 역력했습니다. 높이 올라갈수록 관객들이 긴장을 해서 공개홀이 조용해졌습니다.

기적처럼 성공해서 큰 환호성을 받고 무사히 연기를 끝냈지만 지금 생각해도 정말 아찔합니다. 최근 달인 코너 하면서 당황한 순간이 있었는데, 일본에 갔을 때입니다. 우리 달인팀이 민영채널 도쿄방송TBS의 '비교하는 비교여행쿠라베루쿠라베라. 한국과 일본을 비교하는 프로그램'에 출연했습니다. 일본 개그맨 시무라켄의 요청이었습니다. 시무라켄은 내가 존경하는 분으로 슬랩스틱 코미디의 거장입니다. 일본에서는 30여 년간 사랑을 받고 있는 국민 개그맨입니다.

우리는 녹화를 하면서 그동안 한국에서 보여준 '공중돌기의 달인', '중심잡기의 달인', '흡입의 달인' 등을 공연했습니다. 유명한 일본 개그맨들 앞에서 한국 대표로 공연을 하니까 부담이 컸습니다. 한국에서는 우리를 다들 알잖아요. 일본에서는 문화도 다르고 말이 안 통하는데 한국 개그가 먹힐까(?) 걱정이 많았어요. 우려와 달리 첫 무대는 반응이 굉장했습니다. 다시 요청을 해서 두 번째 무대에 섰을 때, '쌍절곤의 달인'을 했습니다.

수제자가 던져주는 방울토마토를 내가 쌍절곤으로 격파하는 장면이 있습니다. 리허설 때는 한 번에 됐는데, 녹화에 들어가서는 잘 안 되는 겁니다. 리듬을 잃으니까 당황하게 되고, 수제자의 얼굴에도 긴장이 역력했습니다. 10번 가까이나 실패했습니다. 한국에서도 없던 일입니다. 분위기도 다운되고. 뒤에 다른 내용이 많은데 앞에서 막히니까 더 당황했습니다. 하지만 당황하는 모습을 보이면 안 되겠다 싶었습니다. 관객이 즐길 수 있게 분위기로 바꿔야 했습니다.

"오늘 맞힐 때까지 집에 못갑니다."

내 애드립에 웃음이 빵 터졌습니다. 10번 가까이 해서 결국 성공을 했고, 더 큰 웃음과 박수를 이끌어냈습니다.

무대 위에서 다친 적은 없습니다. 하지만 멍은 많이 듭니다. 자전거 묘기하다 정강이 찍히고, '링의 달인' 할 때 내려오다 팔이 쓸려서 살갗이 벗겨지고, 어깨를 다쳐 온몸을 파스로 도배를 했다가도 무대에 올라가면서 다 제거했습니다. '줄타기의 달인'에서는 줄에서 내려오다 허벅지를 쓸려서 시퍼렇게 멍들고…. 코미디를 보러온 관객들이 무대를 편안하게 보고, 웃으며 즐기기 위해서는 내 긴장이나 아픔, 고통이 드러나면 안 됩니다.

녹화가 끝나고 언론과 인터뷰를 할 때는 다쳤다거나, 아팠다거나, 위험했다는 말은 되도록 안 합니다. 그런 게 기사를 통해 알려지면 많은 사람들이 재미있게 보지 않으니까요. 최대한 아프고 고통스런 모습은 숨기고, 보는 분들이 편안하게 즐길 수 있게 하려고 합니다.

무대를 보면서 불안해 하는 관객분들이 있거든요. '어, 저러다 다치면 어떡해!' 하는 분들이 있어요. 그럴 때 '사다리 타기의 달인' 때처럼 분위기가 조용해져요. 그러면 그때마다 얘기를 합니다.

개그콘서트 '링의 달인' 공연 모습

"떨지 마세요. 떨리는 건 저예요."
"긴장하지 마세요. 긴장은 제가 하는 겁니다. 여러분은 즐기시면 됩니다."

미리 알고 하면서도 웃겨서 힘들었던 '달인'도 있습니다. 처음에는 나도 그렇고 담이나 우진이도 달인이 이렇게 큰 인기를 얻을지 몰랐습니다. 그냥 우리가 개그를 짜면서도 너무 웃겨서 그 재미로 했습니다. 서로 웃음을 참느라고 슬픈 생각을 하면서 녹화를 할 정도였어요.

개그콘서트 '줄타기의 달인' 공연 모습

감독님이 "너 이번에 웃는다. 내기해. 만 원 내기해."라는 말에 '이번에는 절대 안 웃는다.'며 다짐을 하고 무대에 섰습니다. 그런데 웃었습니다. 웃는 걸 가리려고 손을 얼굴에 대고 방귀 뀌는 모습을 해 보였죠. 그때가 '방귀의 달인'이었습니다.

방귀의 달인

진행자 : 오늘 이 시간에는 16년 동안 방귀를 연구, 본인이 원할 때 자유자재로 방귀를 컨트롤하시는 방귀의 달인, 보옹 김병만 선생님 모셨습니다.

개그콘서트 '방귀의 달인' 공연 모습

달인 : 방귀의 종류는 3700가지가 돼요. 우리나라 언어도 문법이 있듯이 방귀에도 문법이 있습니다. 방금 들려드린 소리가 평서문입니다. 그리고 의문문이 있죠.

진행자 : 아니 '의문문 방귀'도 있나요?

달인 : 이런 겁니다. '뿌우우웅?'

진행자 : 아! 방귀 끝이 이렇게 올라가네요?

달인 : 물어보는 것 같죠?

'달인'을 만난 지 어느덧 3년 9개월이 넘어 갑니다. '봉숭아학당'을 뺀 단일 코너로 최장수 기록을 세우고 있습니다. '달인'을 계속 하는 한 어려움이 있어도 포기하지 않고 한계를 넘기 위해 달려가겠습니다.

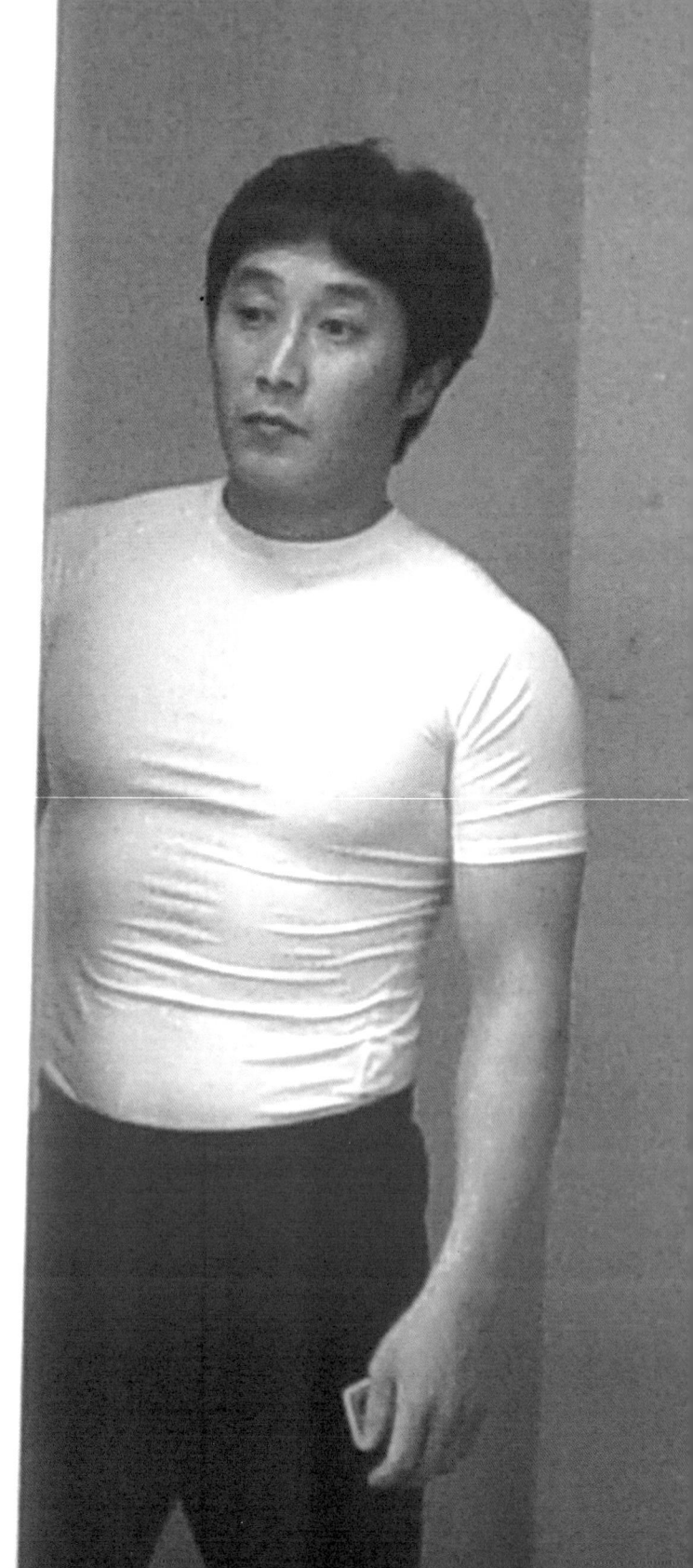
ⓒ초록공장

실수에 대한 두려움으로
그래도 꿈을 향해 달려간다

내가 실수 한 거 누가 글 올리는 사람은 없을까?
내가 술을 먹고 나도 모르게 실수를 하면 어떻게 될까?
한순간의 실수로 나락으로 떨어지지 않을까?

요즘 들어서 잘 때 꿈을 참 많이 꿉니다. 인기를 얻고 있는 만큼 실망시켜 드리면 안 되겠다는 책임감 때문인지 불안할 때도 많고요. 최근에 정말 힘들었을 때가 있습니다. 개인적으로 굉장히 안 좋은 일이 있어서 누군가와 전화로 다투다가 바로 무대에 올라간 일입니다. 내 얼굴은 이미 일그러져서 굉장히 화가 치민 상태고, 딱 봐도 기분이 나빠 있는데, 몇 초도 되지 않아서 웃고, 어리광을 부려야 하고….

나는 100개의 칭찬 글을 보다가 한 개의 악플을 봤을 때, 그 한 개의 악플에 기가 죽습니다. 소심하죠. 드라마 촬영장에서 있었던 일입니다. 그때도 개인적인 괴로운 일로, 정말 안 좋은 내용의 전화 통화를 하고 있는데, 누군가 알아보고 반갑게 인사를 했습니다.

"어! 김병만, 김병만 씨!"

통화를 하느라 나는 고개를 끄덕이고 눈만 마주치고 지나갔는데, 그래서 인사를 받았다고 생각했는데 아마 내 표정이 좋지 않았던 모양입니다. 며칠 뒤 인터넷에 글이 올라온 거예요.

'김병만씨, 인상 쓰기의 달인이군요. 그렇게 이중적인 성격 보여주지 마세요.'

글이 올라왔을 때 일단은 너무 억울한 마음이 들었어요. 해명하고 싶었습니다. 그래서 그분 이름을 기억해 뒀다가 다음에 드라마 촬영이 있을 때 전화 통화했던 장소로 찾아가서 혹시 이 리조트 관계자 분 중에 이런 분이 계시냐고 물었습니다.

"예, 계세요."
"좀 볼 수 있을까요?"
"무슨 일로 그러시는데요?"
"사과도 하고, 해명을 좀 하고 싶어서요."

직원분한테 상황을 설명했습니다. 그리고 "연예인도 사람입니다. 항상 즐거운 날만 있는 게 아니고 괴로운 통화를 하던 중에 제가 표정관리 못한 건 제 실수지만 그래도 저도 괴로운 순간이었는데…. 그리고 '예' 하고 지나갔습니다. 그분한테 화를 낸 것도 아니고, '예' 하고 지나갔는데 그 부분을 제가 인상 쓰기의 달인이라고 글까지 올리시니까… 저는 너무나 서운했습니다."라며 상처받은 마음도 표현했습니다. 잠시 뒤 직원분이 오더니,

"그분 아니시래요. 글 올린 적 없다고 하시는데요? 아마 동명이인인가 봅니다."

이름은 같은데 글을 올린 적은 없다는 겁니다. 그런데 그 이름이 같다는 분은 모습을 보이지 않았습니다.

내 잘못이었던 건 맞습니다. 친근하게 다가왔는데 이 사람이 차갑게 대하니까 오해를 하는 게 당연합니다. 공인이니까 괴로운 순간이라 할지라도 그걸 숨기고 웃어야 하는 게 맞습니다. 처음에는 글을 보고 화가 났지만 그분 얼굴을 알았으니까 찾아가서 해명하고 싶었던 겁니다.

그 일이 계속 후회가 됐습니다. 그때 인사할 순간에 편안하게 웃어 드렸으면, '아, 예!' 하고 순간이라도 반갑게 웃으며 갔으면 내가 이렇게 찾아가고 그런 것 때문에 속을 앓고 하지는 않았을 텐데…. 앞으로 표정관리 잘 해야겠다고 다짐했습니다.

그 뒤로 공항에서 어떤 분이 알아보고 인사를 하는데, 무심코 '예' 하고 지나가다가 '헉'하고 '혹시 내가 방금 인상 쓰는 얼굴을 보여드렸나?' 싶은 거예요. 그래서 인사하고 지나친 분을 쫓아갔어요. 가서 씩 웃어 보이고 다시 걸어간 적도 있어요. 이럴 때는 정말 굉장히 소심하다 싶습니다.

인터넷에 올라오는 글을 많이 봅니다. 남들 다 칭찬하니까 나는 욕하자 싶어서 장난스럽게 악플을 다는 분들도 있고, 진심으로 조언해 주는 분들도 있습니다. 악플이 보이면 무서워서 보지 못

개그콘서트 '느끼함의 달인' 공연 모습

하다가 나중에 후배들에게 물어볼 때도 있습니다.

우기는 콘셉트로 '느끼함의 달인'을 할 때 느끼한 음식을 많이 먹었습니다. 달걀흰자를 한 컵 마시고, 돼지고기 비계 부분을 큼직하게 잘라서 마요네즈에 찍어 먹고, 마가린을 크게 한입 베어 먹고, 참기름을 반 컵 마시고….

녹화 끝나고 울렁거려서 화장실로 바로 뛰어갔습니다. 녹화할 때는 큰 웃음도 나오고, 반응도 좋았는데 방송 후 게시판에 '보다가 토할 뻔했다.', '더럽다.'는 시청자 의견이 보였습니다. 바로 모니터를 껐습니다. 더 심한 말이 있을까봐 겁나서 열어보지를 못했습니다. 우진이가 "그것밖에는 없던데? 그리고 재미있었다는 의견이 더 많아." 하는 말을 듣고서야 마음이 놓였습니다. 나는 사람들에게 즐거움을 주기 위해서 했는데 오히려 불편했다니 속이 많이 상했습니다.

가장 상처받는 악플은 아무래도 내 '키'에 대한 글입니다. 나는 키에 대한 콤플렉스가 있습니다. 다만 그걸 뛰어넘으려고 작지만 강해 보이려고 하고, 더 잘해 보이려고 하는 겁니다. 그런데 작은 키에 대해서 '루저'라는 표현을 본 적이 있습니다. '영웅들은 작은 사람이 많잖아요?' 이런 얘기에 '그래도 너보다 커.'라는 글도 그렇고요.

작은 키는 어떤 면에서 나한테는 상처에 가깝습니다. 우리 가족들이 다 작아서 유전적인 영향이 있었을 거라고는 하지만, 내가 가족 중에서도 작은 편이니까 관리를 잘 했다면 조금 더 클 수도 있었을 텐데 하는 마음이 항상 있습니다. 어머니는 내가 어릴 때부터 일을 많이 했기 때문에 키가 자라지 못했다는 말을 자주 합니다. 어릴 때 초등학교 시절부터 아버지의 일을 도와야 했습니다.

산에서 나무를 해다가 장작을 패고, 밭에 나가서 농사일을 거들어야 했습니다. 추수할 때면 쌀포대를 늘 날라야 했고요. 할머니나 어머니가 걱정할 만큼 많은 일을 해야 했습니다. 초등학교 때 팔에 근육이 나올 정도였습니다. 집에 빚이 많고, 늘 불안한 생활을 했습니다. 가족끼리 오순도순 모여서 정답게 지낸 기억이 거의 없습니다. 지금은 아버지가 요양원에 입원해 있고요. 그래서 아마 키에 대한 악플을 보면 마음이 더 아린 것 같습니다.

달인 보양식
호기심은 에너지의 원천이다

"그래, 물에 씻어서 기름에 볶아."
어릴 때 산에서 놀다가 굼벵이나 사슴벌레 유충을 잡아오면 할아버지는 기름에 볶거나 여물을 끓이던 아궁이에 넣어 구워줬습니다. 어머니가 보고, "아버님, 먹이지 마세요." 그러면 할아버지는 "뭐 어때서 저거 하냐. 먹어."라며 입에 넣어줬습니다. 어머니 말로는 아기였을 때 할아버지가 잡은 쥐고기도 먹었답니다.

할아버지의 특별한 보양식 덕분인지 어릴 적부터 키는 작았지만 에너지는 넘쳐서 잠시도 가만있지 못했습니다. 동네에 무슨 사건만 생기면 '이것은 병만이 짓이다' 라며 동네 어른들이 우리 집으로 달려올 정도로 개구쟁이였습니다. 호기심이 많아서 궁금한 일이 있으면 잠을 못 이룰 정도였습니다.

시골에서 마땅히 놀 게 없으니까 산에 올라가 나만의 움막을 지어봤습니다. 큰 나무를 잘라 네 개를 땅에 박아 기둥으로 삼고, 그 위에 비닐로 덮어 비가 안 새도록 해놓았습니다. 작은 텐트 크기 정도였는데 산에 비닐로 된 움막집이 빛에 반사되어 반짝이니까 군 정찰기가 수상히 여겨 주변을 계속 빙빙 돌았습니다. 산 주인이 산에 가보니 안 보이던 움막집이 있었던 겁니다. 보자마자 '그 놈이다. 그 놈밖에 할 놈이 없다.'며 우리 집으로 뛰어왔습니다. 결국 아버지께 종아리를 맞았습니다.

한번은 학교 갔다가 집에 돌아오는 길에 길가의 풀을 태우려고 했습니다. 시골에서는 농사 다 짓고 다음 해의 영농준비를 위해 매년 겨울에 논이나 밭두렁을 태웁니다. 나는 불이 활활 타올라 그 자리를 깔끔하게 만들어 놓는 게 너무 신기해서 겨울만 되면 성냥을 가지고 온 동네를 다니며 불놀이를 했습니다. 그날은 길가의 풀만 태우려고 했는데 불길이 주변 산으로 옮겨 붙어 버렸습니다.

이 불로 산이 400평 가량 탔습니다. 마을 어른들이 모두 나와 불을 꺼야 했고, 소방차까지 출동했습니다. 다행히 산 소유주가 아버지와 잘 아는 분이라 묘목을 산에 심어주는 조건으로 용서를 받았습니다. 아버지와 3일 동안 다른 산에서 나무를 캐다가 그 산에 심었습니다. 어머니는 내가 말썽을 피우면 이렇게 야단을 많이 쳤습니다. "이 썩어죽을 놈아, 사내놈이 좀 무게감 있게 놀아." 그러면 나는 또 얼른 이렇게 대답합니다. "싫어. 가볍게 놀 거야."

고향 집 앞에 방죽이 있었습니다. 시골에서 가뭄을 대비해 만든 작은 저수지입니다. 마을에 가뭄이 들어 농작물에 물을 대기 위해 물을 빼면 바닥에 붕어나 잉어, 가물치가 있어서 동네 분들과 잡았습니다. 그런데 고기를 잡으며 호기심이 발동했습니다.

'붕어, 잉어, 가물치 말고 다른 물고기도 방죽에서 살 수 있을까?'

그때부터 냇가에 가서 피라미, 빠가사리 등을 잡아 방죽에 풀어 놨습니다. 생각날 때마다, 시간이 날 때마다 한 마리, 한 마리씩 잡아서 방죽 식구들을 늘렸습니다. 시간이 지나 다시 다가온 가

품에 방죽의 물을 빼게 되었습니다. 동네 어른들이 바닥에 뒹구는 물고기를 건지려고 맨발로 방죽에 들어간 순간, "아야!" 하는 비명이 곳곳에서 들렸습니다.

그동안 내가 수없이 늘린 빠가사리들이 파닥파닥 바닥에서 꼬리를 튕기며 발을 찌른 것입니다. 빠가사리는 가시가 나와 있어서 찔리면 지독한 통증과 함께 살이 퉁퉁 부어오르거든요. 그로 인해 방죽에 들어갔던 많은 어른들이 소리만 지르다가 밖으로 나올 수밖에 없었습니다.

어릴 때 궁금증이 생기면 꼭 해봐야 직성이 풀리던 버릇이 지금까지 이어지고 있습니다. 개그도 그렇지만 생활할 때도 예외는 아닙니다. 음식을 만들 때도 '이런 음식이 될까?' 싶은 생각이

들면 바로 요리를 시작합니다. '달인'을 하면서 많은 분들이 '뭘 먹어서 그렇게 힘이 좋냐'는 말을 많이 합니다. 특별한 보양식을 따로 해먹지는 않고, 내가 개발한 음식들을 맛있게 먹기 때문인 것 같습니다.

여기에 몇 개를 소개해 드리겠습니다. 특징은 재료비가 따로 들지 않고, 양 많고, 쉽고, 빠르게 만들어 먹을 수 있는 1석4조의 요리법입니다. 이 음식들은 개그맨 후배들에게 다년간 검증받은 레시피입니다. 특히 먹기의 달인 류담이 인정한 음식이므로 자신있게 추천해 드립니다.

오징어 짬뽕 라면

뜨끈뜨끈한 '오징어 짬뽕 라면'입니다. 겨울철에 먹으면 좋고, 술 드시고 얼큰한 거 당기실 때 해 드시면 속이 확 풀립니다.

❶ 냉장고를 열어봅니다.
❷ 남은 음식을 확인합니다.
❸ 냄비에 넣을 수 있는 음식을 꺼냅니다. 송이, 표고 같은 버섯 쪼가리도 좋고, 말라비틀어진 양배추, 당근 같은 야채도 좋습니다.
생선, 고기, 조개, 김치 등 다 좋습니다.
종류에 상관없이 먹을 수 있는 것을 꺼내 봅니다.
❹ 물을 끓입니다.

재료비가 따로 들지 않고, 양 많고, 쉽고, 빠르게
만들어 먹을 수 있는 1석4조의 요리법

❺ 마른 오징어를 꺼내서 통째로 끓는 물에 넣습니다.
❻ 3분 뒤에 오징어를 꺼냅니다. 물에서 꺼낸 오징어는 버리지 마세요.
그대로 먹으면 됩니다. 짠 맛도 없고, 말랑말랑 맛있습니다.
❼ 오징어를 꺼내고 남은 물에 재료를 다 때려(?) 넣습니다.
좀 더 맛을 따지시는 분들은 재료를 익는 순서대로 넣습니다.
예를 들어 양배추는 파보다는 미리 넣어야 합니다.
고기 같은 재료는 잘게 썰어서 먼저 넣는 것이 좋습니다.
재료를 다 넣으면 일반 라면을 끓일 때와 달리 양이 2배가 됩니다.
❽ 마늘과 청양고추를 넣습니다.
❾ 끝으로 정말 진하고, 얼큰한 맛이 필요하면 고추장을 한 숟가락 넣어 줍니다.

수제 비빔 라면

수제 비빔 라면은 시중에서 파는 비빔라면의 스프가 싫은 분들께 권합니다. 일반 비빔국수와 달리 달콤, 매콤한 맛에 구수한 맛이 추가되어 일품입니다.

❶ 고추장 한 숟가락에 깨 한 숟가락, 참기름 한 숟가락, 설탕 반 숟가락,
마늘 반 숟가락, 다진 파 반 숟가락을 버무려 놓습니다.
❷ 냉장고를 열어봅니다.
❸ 남은 음식을 확인합니다.
❹ 냄비에 넣을 수 있는 버섯이나 야채를 꺼냅니다.
❺ 끓는 물에 일반 라면을 넣습니다.
이때 익히고 싶은 야채나 버섯이 있다면 같이 넣습니다.
❻ 일반 라면보다 빨리 불을 끕니다. 그래야 면발이 꼬들꼬들하게 맛있습니다.
❼ 찬물에 면을 헹굽니다.

❽ 면에 1번에서 만든 양념을 넣습니다.
　취향에 따라 간장을 약간 넣어도 좋습니다.

얼음 깍두기를 넣은 오이 냉채

여름철에 권해드리는 음식입니다. 안 좋은 일로 속이 부글부글 끓어오를 때도 드시면 좋습니다.

❶ 오이를 채 썰어 냉장실에 넣어둡니다.
❷ 그릇에 겨자, 식초, 설탕, 소금을 넣고 막 저어줍니다.
❸ 파를 적당히 썰어 놓습니다. 양파가 있다면 채 썰어 놓습니다.
❹ 다진 파, 다진 마늘, 다진 생강을 준비합니다.
❺ 냉동실을 열어봅니다. 각 얼음을 꺼내어 큰 그릇에 담습니다.
❻ 5에 4를 넣고 김치를 만들듯 버무립니다.
❼ 2에 1과 6을 넣습니다. 새콤, 매콤, 톡 쏘는 시원한 냉채가 완성됩니다.

이 음식들도 내 호기심이 만들어낸 보물입니다. 연기를 할 때, 혹은 연기를 구상할 때, 내 호기심은 실패에 대한 두려움보다는 용기와 힘이 됩니다.

가진 건 꿈밖에 없었습니다

NG는 없다

**작은 힘일수록
한 곳으로 집중시켜라**

나는 후배들이 무서워하는 선배입니다. '군기반장'이죠. 중간에 NG를 내거나 실수하지 않도록 후배들을 긴장시키는 역할을 합니다. 내가 워낙 스파르타식으로 열심히 하니까 후배들이 쉽게 다가올 수 있는 선배가 아닙니다. 그러고 보니 우리 팀이 모두 그런 것 같습니다. '운동하는 남자들의 세계' 같은 게 있습니다.

'달인'을 하면서 우리 실수로 NG를 낸 적이 한 번도 없습니다. 기술적인 문제, 소품이 준비가 안 됐을 때를 빼면 NG가 없었습니다. 사실 말을 더듬거나, 실수를 해도 그대로 나갑니다. 한번은 '화를 내본 적이 없는 참을 인의 달인'에서 말실수를 했습니다

다. '꽃은 있으나 화병은 없다.'고 해야 할 걸, '화는 있으나 꽃병이 없다'라고 했습니다. 다시 한 번 했는데 또 꼬였습니다. 그때 애드립으로 넘어갔습니다.

"여러분들도 웃으면서 이렇게 이해해 주시고, 감독님도 너그럽게 받아주실 겁니다. 웃고 사셔야지 화를 내선 안돼요."

NG 상황이었는데 오히려 그날 화를 안 내는 달인이라서 더 재미있다는 반응이 나왔습니다.

급한 상황에서도 당황하지 않고 실수를 하더라도 재미있게 넘길 수 있는 여유가 생긴 것 같습니다. 달인에서 도전에 계속 실패할 때 '이게 라이브의 묘미 아니에요? 방송 나갈 때는 안 나가니까요. 성공한 것만 나갑니다.'라거나 '외줄타기의 달인'처럼 관객들이 마음을 졸이는 상황이 되면 '안 다칠 만큼 충분히 연습했어요. 그러니까 여기 나왔죠.'라고 한마디 던지죠.

계속 실패를 할 때 "달인이 봉숭아학당보다 길 수도 있어요. 성공할 때까지 집에 못 갑니다." 이러는 것과, "죄송합니다. 다시 가겠습니다."라는 것은 큰 차이가 있습니다. 나도 신인 때는

NG를 내면 어쩌나 싶어 잠을 설칠 정도로 걱정을 많이 했습니다. 마이크를 안 차고 올라가면 어쩌나, 소품을 깜박하고 못 챙기면 어쩌나, 떨려서 대사를 까먹으면 어쩌나….
"죄송합니다. 다시 가겠습니다."

이 한마디에 관객들은 자연스럽게 몰입을 못합니다. 그 부분에서 또 NG나지 않을까 하고. 그러면 관객들도 웃음이 없어지죠. 분위기를 다시 띄우려면 몇 배로 힘듭니다. 그래서 개그콘서트에서는 NG가 거의 없습니다.

내가 신인일 때 하루는 차력 개그를 했습니다. 지금은 조연급 영화배우로 유명하신 분인데, 그때 나와 팀을 이뤄 무대에 섰습니다. 그분이 '못'을 입에 물고 개그를 했는데, 그만 실수로 못을 삼켰습니다. 우리는 당황해서 다음 개그를 제대로 못하고 허둥지둥 NG를 내고는 병원으로 달려갔습니다. 다행히 약물로 못이 체외로 배출됐지만, 우리는 '못 웃기고 못 삼켰다'며 씁쓸히 병원을 나왔습니다.

'달인' 하면서 뜻하지 않은 상황들도 많았습니다. '식탁보 빼기의 달인'에서는 탁자에 식탁보를 깔고, 그 위에 길다란 PVC 파이프를 세우고, 그 위에 양동이를 올려놓았습니다. 그 상태에서 식탁보를 빼서 물건이 넘어가지 않아야 합니다. 당연히 불가능했습니다.

식탁보를 빼면 양동이든 파이프든 넘어갈 테니까요. 그러면 진행자한테 머리를 맞고 들어갈 예정이었는데, 식탁보를 싹 뺐는데 물건이 미동도 안 하고 그대로 있는 겁니다. 성공한 거예요. 관객은 환호했지만 우리는 당황했습니다. 놀라서 어쩔 줄

몰라 하다가 '나 진짜 달인인가?'라며 애드립으로 마무리를 했습니다.

공개코미디에서 앞 코너에 NG가 나면 뒤에 있는 코너에 영향을 줍니다. 민폐를 끼치는 거죠. 개그맨들은 NG를 내지 않기 위해서 피나는 연습을 합니다. 녹화 시작 직전까지도 연습을 합니다. 자신 한 사람 때문에, 혹은 자신의 코너 때문에 공연이 잘 안 될까봐 엄청난 집중을 하고 무대에 섭니다.

원래 코미디 공연이라는 게 누군가의 도움을 통해서는 성공하기에 한계가 있습니다. 소위 '빽'이 있어도 어려운 게 이 세계입니다. 아무리 밀어줘도 무대에서 제대로 풀지 못하면 성공하기 힘듭니다. 무대 위에서 결국에는 본인이 풀어야 합니다. 선배들이 해줄 수 있는 건 한계가 있습니다. 그래서 개그맨이 더 힘든 거 같습니다. 무대에는 결국 혼자 서야 하니까요.

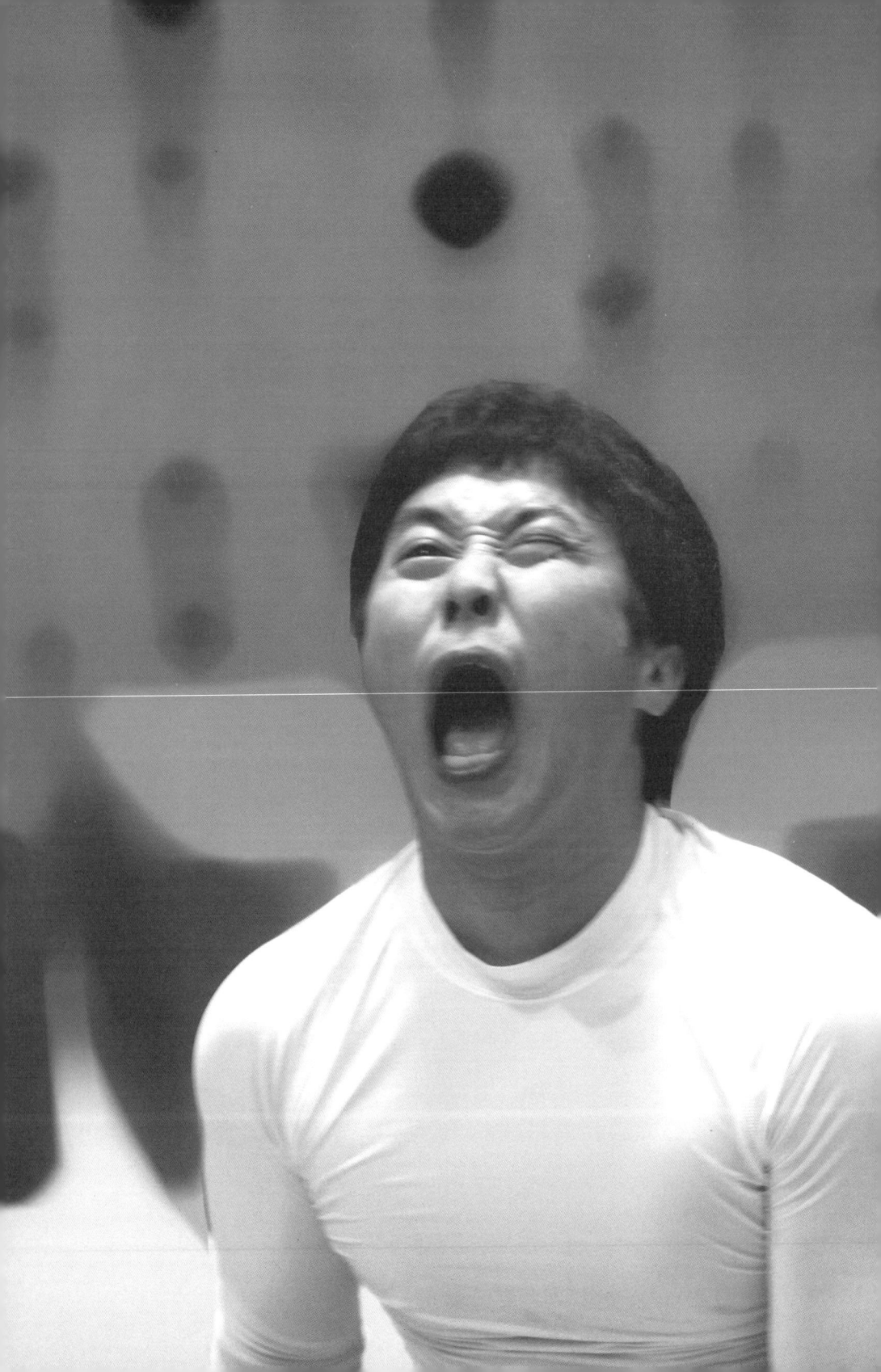

김병만식 코미디
기록은 역사가 되어 남는다

나는 개그맨이 되면서 가난을 벗어날 수 있었고 더 큰 꿈을 꿀 수 있었습니다. 내가 찰리 채플린을 좋아하는 이유는 슬랩스틱 코미디의 거장이라는 점도 있지만, 가난을 극복하고 꿈을 이룬 사람이기 때문이기도 합니다. 또 그의 영화를 보면 가난한 주인공들이 대개 따뜻한 마음을 가지고 있습니다.

찰리 채플린은 불우한 어린 시절을 보냅니다. 이혼한 어머니 밑에서 자란 채플린은 가난해서 늘 굶주립니다. 빈곤의 고통으로 어머니는 정신질환을 앓고, 아이들을 부양하기 어려워지자 고아원으로 보냅니다. 거기서 채플린은 매를 맞기도 합니다. 아버지에게 보내져 새엄마의 구박을 피하기 위해 하루 종일 밖에서 시간을 보내는 어린 채플린… 끝이 없을 것 같던 빈곤한 나날이었지만 영화에 출연하면서 벗어날 수 있게 됩니다.

어릴 때 채플린의 영화를 보면서 그의 몸짓에 넋을 놓은 적이 많습니다. 어느 영화에서 채플린이 술에 만취한 장면이 나옵니다. 채플린을 누군가 데리고 가는데, 어깨를 잡고 데리고 가는 게 아니라 뒷덜미 잡고 끌고 갑니다. 술에 취한 채플린은 전혀 미동도 없이 아무 표정도 없이 자고. 관객은 웃기지만 그 상황이 처절하게 느껴집니다. 제가 추구하는 웃음이 그렇습니다.

예를 들어 따귀를 맞았을 때 반응을 하지 않고, 맞은 사람한테 반발을 안 하는 거죠. 맞은 채로 딴 짓을 하는 겁니다.

이런 식의 코미디를 영화에서 보여준 적이 있습니다. 내가 건달역할입니다. 양아치들한테 구역에서 떠나라고 협박을 합니다. 하지만 덩치 좋은 양아치들이 월등히 우세해 보이는 상황입니다.

"야, 니네 좋은 말할 때 여기서 놀지마. 가! 내 구역도 아니면서

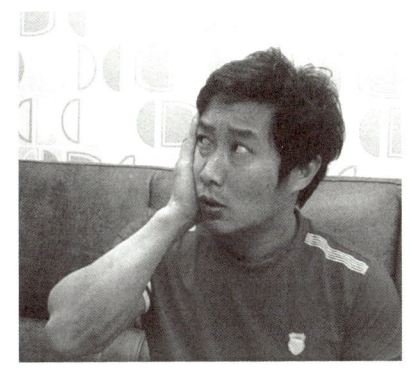 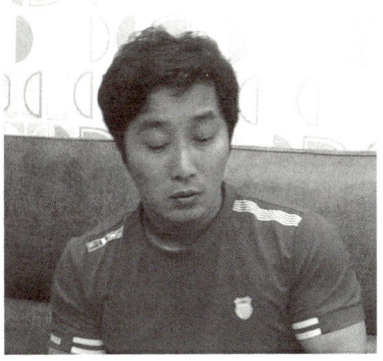

따귀를 맞았을 때 반응 차이.
왼쪽에 있는 사진은 맞은 후 반응이 있다. 오른쪽 사진처럼 따귀를 맞아도
아무 상관없이 하던 일을 그대로 하는 것이 내 스타일이다.

여기서 양아치 짓 하고 있어. 뭐야, 임마. 가라고. 내가 다음에 찾아갔을 때도 니네 이대로 있으면 가만 안 놔둔다. 좋은 말 할 때 가. 에이, 양아치 자식."

대사는 당당하게 양아치들을 쫓아내는 거 같지만, 실상은 대사를 하면서 양아치들한테 계속 맞습니다. 맞으면서도 맞지 않는 듯이 톤을 일정하게 해서 할 얘기를 다 하는 거예요. 얼굴은 맞아서 계속 망가져 가는데, 말은 계속 하는 겁니다. 이런 식의 코미디가 채플린과 저우싱츠의 느낌을 주는 거 같아요. 그들의 영화에서 소스를 많이 얻었죠.

"뭘봐, 임마!" 하고 겁을 주면 바로 고개를 숙이거나 과장된 반응을 하는 게 아니고, "뭘봐, 임마!" 했을 때 눈동자만 얼른 딴데를 보는 반응이 제 식입니다. 반항을 하지는 못하지만 그렇다고 대놓고 굴욕적으로 말을 들어주는 식이 아니라 살짝만 피하는 거죠. 난 그런 코미디가 좋습니다. 미묘한 차이지만 웃음의 느낌은 다르죠.

'달인'을 하면서 콧수염을 그렸습니다. 채플린도 평소에는 기르지 않았다가 영화에서는 꼭 콧수염을 붙이고 등장합니다. 원래 '독재자 히틀러를 풍자하기 위한 목적으로 영화 속에서만 착용했다'지만 콧수염의 효과는 익살스러운 분위기를 자아냅니다. 나도 '달인' 코너를 구상하면서 진지하면서 권위적인 달인이지만 결국에는 진행자에게 맞고 나가는 달인을 어떻게 표현할지 고민을 많이 하다가 수염을 활용했습니다.

남들이 좀 알아주는 내 특기가 있다면 발차기와 같은 무술과 초등학교 때 했던 기계체조입니다. 기계체조는 고모님이 서울로 데려가 기계체조 선수로 키우자고 할 정도로 잘 했습니다. 어머니가 어린 아들을 혼자 서울에 보내는 걸 꺼려서 고모님의 제안을 거절하지 않았다면 기계체조 선수로 자랐을지도 모르겠

채플린도 평소에는 기르지 않았다가
영화에서는 꼭 콧수염을 붙이고 등장합니다.

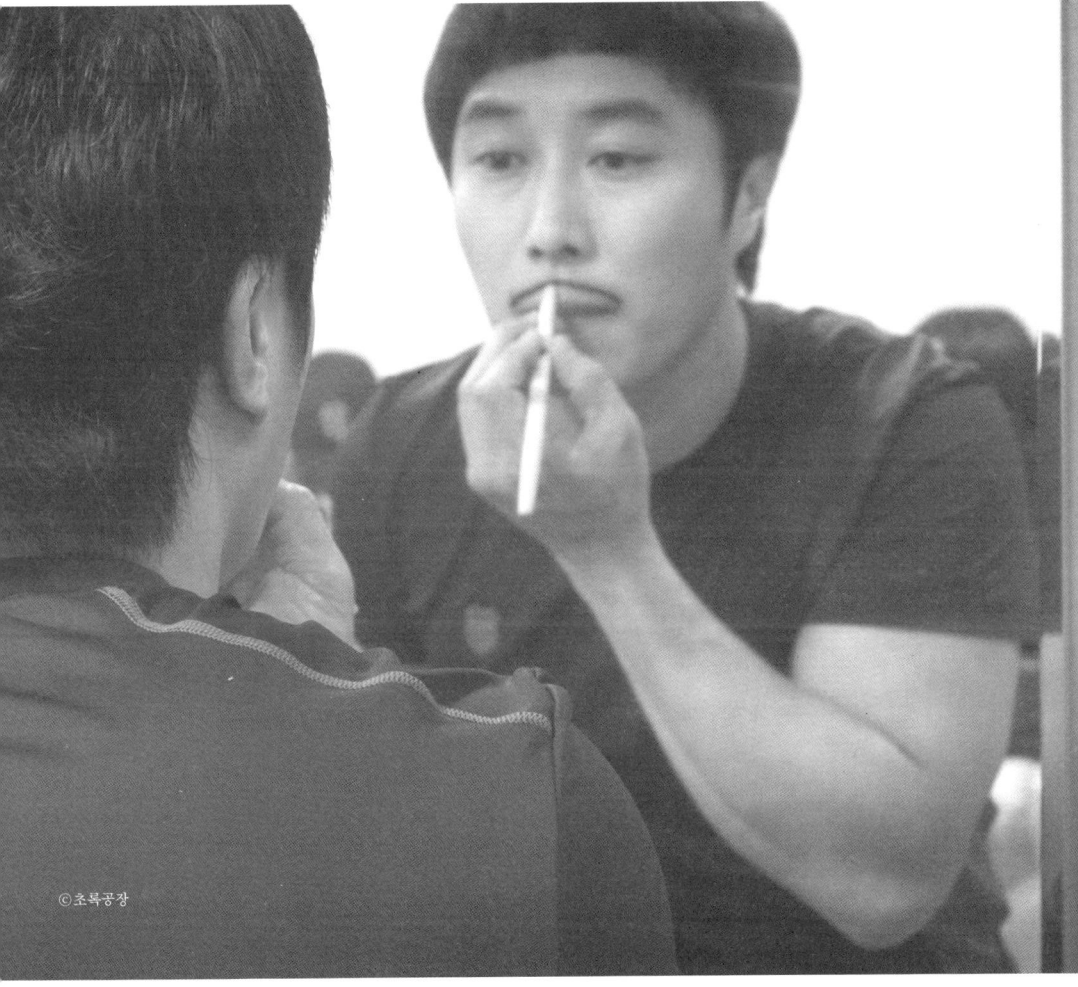

습니다.

데뷔부터 무술과 텀블링 같은 아크로바틱을 개그에 접목시켜 나만의 슬랩스틱을 만들어 나갔다고 생각합니다. 개그콘서트 데뷔작 '대결'부터 '식신 김도마', '무림남녀', '무사', '대결 3인조', '충무로', '주먹이 운다', '달인'에 이르기까지 다수의 작품을 했습니다. 하지만 '달인' 전에는 몸을 잘 쓰는 무술 개그맨에 불과했습니다.

초등학교 운동회 사진
초등학교 다닐 때 기계제조를 했다. 사진 가운데만 4층인데 가장 위에 선 아이가 나다.

'달인'을 통해서 슬랩스틱 속에 아크로바틱을 넣고, 정교한 타이밍을 잡아 상황을 반전시키기도 하고, 몸의 움직임이 전혀 없이 표정 변화만으로도 웃음을 끌어낼 수 있는 연기를 선보일 수 있었습니다. 이전 작품 중에 '불청객'에서 시골 동네 아저씨로 나와서 몸을 쓰지 않는 개그코너로 인기를 끌기도 했지만 가장 나다운 코미디는 슬랩스틱에 있었던 것 같습니다.

어릴 때 청룽의 영화가 좋아서 높은 데서 뛰어내리고, 영화의 무술 장면을 흉내 내며 다녔습니다. 초등학교 때는 물구나무를 서서 길을 다니기도 했고, 운동회 때면 기계체조 시범을 보이기도 했습니다. 청소년 때는 무술을 독학하기 시작했습니다. 킥복싱, 쿵후, 권투, 태권도, 합기도…. 커서는 이왕표 선생님을 스승으로 모시고 레슬링을 배웠습니다.

어려서부터 닦아온 이런 일련의 과정이 나만의 슬랩스틱을 보여줄 수 있는 밑거름이 된 것 같습니다. 개그맨 후배들이 코믹 액션이 필요할 때면 내게 도움을 청합니다. 그래서 한때는 '개그계의 정두홍'이라는 애칭도 얻었습니다.

청룽 영화를 보면 마지막에 NG 장면이 나옵니다. 거기에 청룽이 영화를 찍다가 다치는 장면도 나오는데, 어린 마음에 그게 너무 부러웠습니다. 정말 위험한 장면을 대역 없이 해내다 다치는 것이 영광의 상처라고 생각했습니다. 영화 주연을 원하는 것은 아닙니다. 내 스타일의 코미디물을 만들고 싶습니다. 종종

고등학교 때 친구들과 무술을 연습하는 모습

영화 장면을 구상하기도 합니다.

이런 식입니다. '횡단보도를 지나가는데 차가 횡단보도를 지나가는 어떤 사람을 치고 지나갑니다. 사람은 그대로 날아 가 신호등 위에 걸쳐집니다. 그 사람은 신호등을 기어서 내려옵니다. 그리고 자기 갈 길을 그대로 갑니다.'

한정된 무대에서 보여주는 코미디를 좀 더 넓은 공간으로 확장해서 영화, 드라마 등 여러 매체를 통해 슬랩스틱의 진수를 보여드릴 수 있으면 좋겠습니다. 더 나아가서 전 세계를 웃길 수 있었으면 좋겠습니다. '미스터 빈'을 보면 우리는 그 사람 직업도 모르고, 스토리 연결도 안 됩니다. 그래도 웃습니다. 그처럼 언어와 국경을 초월해서 누구든 웃길 수 있는 코미디를 하고 싶습니다.

2010년에 영광스럽게도 내 슬랩스틱 코미디를 연구한 논문^{인물을 통해 살펴 본 한국 슬랩스틱 코미디의 특성 연구 : 코미디언 '김병만'을 중심으로}이 나왔는데, 내 슬랩스틱에는 '찰리 채플린'의 정교한 리듬과 타이밍의 절묘한 조화로 인해 생산되는 계산된 웃음과 '로완 앳킨슨'^{미스터 빈}의 좌충우돌 사고뭉치 슬랩스틱, '배삼룡' 선생님의 만담형태의 슬랩스틱, '심형래' 선배님의 즉흥적이고 감각적인 슬랩스틱의 희극적인 바보의 모습을 떠올릴 수 있다는 극찬을 받았습니다.

하늘처럼 존경하는 선배들의 면모를 따라갈 수나 있겠나 싶기도 했지만, 내가 추구하는 코미디를 정리해준 기분이 들었고, 어디에선가 나를 바라보며 진지하게 생각해주는 사람이 있다는 것에 감사했습니다. 그분들께 누가 되지 않기 위해 더 열심히 해야겠다는 마음입니다. 이러한 기록은 오래 남을 것이기 때문입니다.

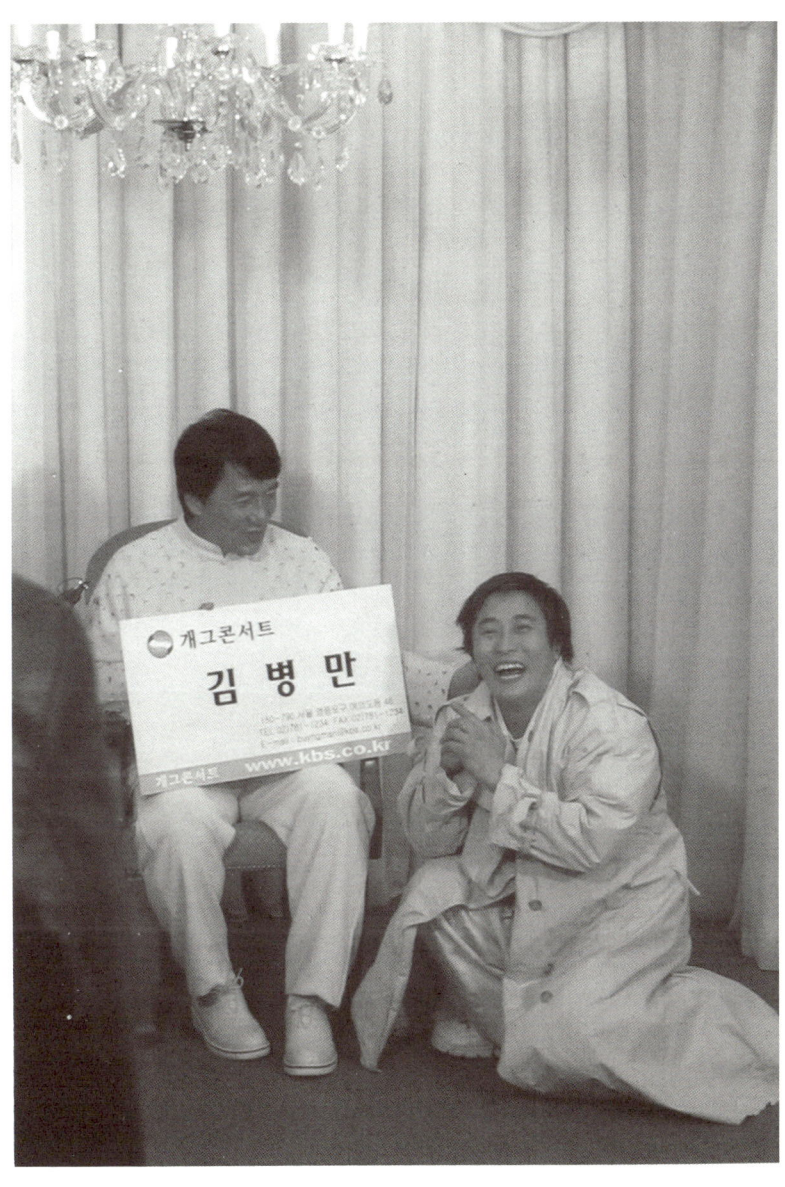

청룡과 함께

기어서라도 가겠습니다

걸어온 길보다 걸어갈 길이 아직 멀다

나는 지금 해야 될 게 많습니다. 또 지키는 것도 중요합니다. 연예계 생활이 꽃이라고 하는데, 꽃은 계속 피어있지 않잖아요. 관리를 제대로 안 하면 제대로 피어보지도 못하고 시들 겁니다. 또 활짝 핀 꽃도 언젠가 시들어버릴 겁니다. 그러니까 제대로 피기 위해, 빨리 시들지 않게 하기 위해서 계속 가꾸고 물을 줘야 합니다. 누구보다 뒤처져서 더 이상 뒤처질 게 없던 출발지점보다 지금의 순간이 더 노력할 때라는 것을 잘 압니다.

이응진, 배우 김병만을 말하다

이응진 KBS 드라마 PD, 드라마 제작국장을 거쳐 KBS 창원총국장으로 재직하고 있음. 한국 방송 역사상 최고의 시청률(65.8%)을 기록한 '첫사랑'을 비롯하여 '딸부잣집', '그해 겨울은 따뜻했네' 등을 연출함. 드라마 국장 재임 시에는 '아이리스', '추노', '제빵왕 김탁구' 등을 제작함.

날 웃기지 못하는 개그맨, 김병만

병만은 나를 웃기지 못한다. 나는 그의 개그를 보면서 웃지 못한다. 나는 30년을 드라마로 살아온 드라마쟁이다. 나는 웃기는 드라마보다 날 울리는 드라마를 더 좋아한다. 사람도 마찬가지다. 날 웃기는 이보다 날 울리는 사람이 더 좋다. 김병만은 나를 웃기지는 못하지만 날 울게 하는 개그맨이다. 그래서 그를 좋아한다. 얼마 전 김연아 선수가 진행하는 '키스앤크라이'를 봤다. 채플린 분장을 한 김병만의 스케이트 타는 모습을 보면서도 울었다.

하고많은 개그맨 중에 사람을 웃기는 이는 많지만 사람을 울리는 개그맨이 있던

가? 나는 김병만밖에 보지 못했다. 그의 개그에는 눈물의 씨앗이 들어있다. 그가 온몸으로 만들어내는 '달인을 만나다'의 코너를 보고 있노라면, 그가 어떤 나날을 보내고 있는지, 어떤 정신으로 살고 있는지를 상상할 수 있다. 그는 날 웃기기보다는 울리는 코미디언이다. 그래서 김병만을 좋아한다.

병만을 좋아하는 이유는 또 있다. 그날 방송을 본 후에 병만에게 전화를 했다.

나: (퉁명스런 목소리로) 병만! 나한테 잘못했다고 해라.
병만: (놀라서) 예? 무슨 일 때문인지….
나: 사람 울렸으면 잘못했다고 사과를 해야지. '키스앤크라이' 보고 나 얼마나 울었는지 아냐? 사람 울게 했으면 사과 해.
병만: 예, 죄송합니다. 웃기지 못해서.

말했다시피 나는 드라마쟁이다.
개그맨이나 코미디언과는 좀 떨어진 동네에 사는 드라마PD다. 그런데도 불쑥 전화를 하면 병만은 꼭 전화를 받는 스타다. 스타들은 반짝이기만 할 뿐 전화따위는 한 번만에 잘 안 받는다. 그래야 스타인 줄 아는 세태다. 근데 병만은 스타이면서도 전화를 받는 기묘한 별이다. 그렇다. 병만은 좀 기묘하다. '숏다리' 오척단신에, 납작한 얼굴. 내 주위에 있는 팔등신 '식스팩' 꽃미남 스타들과는 좀 많이 다르다. 그는 자신이 스타인지도 모른다. 그는 여전히 시골스럽고 인간적이다. 아니 겸손하다. 무대 위에서도 그의 인간성은 엿보인다. 하지만 그것은 연기인지도 모른다. 천부적으로 타고난 연기술인지도 모른다. 사실 전화받고 연기하는 것으로 사람을 평가할 일은 아니다.

그가 결정적으로 다른 점은 대개의 스타들이 다른 곳으로 부터 빛을 받아 그것을 반사해서 반짝이는 데 비해 병만은 스스로 발광發光하는 스타다. 그가 만드는 코미디는 자신이 작가이고 프로듀서이며 배우이다. 모두가 삶 속에서 스스로 관찰하고 발안하고 학습하고 몸으로 빚어내는 작품이다. 세상에 스타가 많지만 스스로 발광하는 스타는 우리 곁에 몇 안 된다. 그중 한명이 김병만이고 그래서 나는 병만을 사랑한다. 그를 적확하게 평가하기엔 좀 이른감이 없지 않다. 인기를 얻는 지금부터가 더 중요할 것 같다. 이 책은 그를 좋아하는 사람들을 향한 약속의 편지이면서 자신에게는 스스로를 성실과 노력의 감옥에 가두는 좌우명이 되었으면 한다.

병만, 달인이 아니다

사람들은 병만의 쇼를 보면서 웃는다. 씩 웃는 사람도 있고 낄낄, 깔깔거리는 사람도 있다.

웃음을 유발하는 데는 몇몇 공식이 존재한다.

1. 남을 모방하거나
2. 과장된 언어와 몸짓을 하거나
3. 상황을 반전을 시키거나
4. 우매와 실수를 하거나
5. 폭로를 해서 사람들을 웃긴다.

병만의 코미디에도 그런 요소가 숨어있다. 하지만 그의 개그에서 가장 중요한 요소는 무엇인가? 그것은 바로 노력이다. 그것은 바로 성실이다. 사실 김병만은 달인이 아니다. 그가 달인이라서 사람들이 웃고 감동하는 건 아니다. 사람들은 그의 노력에 웃는다. 사람들은 그의 성실에 감동한다. 그가 코너마다 털어 넣었을 온몸과 마음, 그가 이겨냈을 고통과 인내에 박수를 보낸다. 또 나 같은 이는 가슴이 먹먹해지고 눈가가 젖어든다.

일찍이 한국 코미디사史에 노력과 성실이란 덕목으로 사람을 웃기려 시도한 배우는 없었다. 세계적으로도 흔치 않은 일이다. 구태여 예를 든다면 무성영화 시대의 천재 찰리 채플린이 있고, 목숨을 건 무모한 몸 개그로 전 미국을 웃겼던 버스트 키튼이란 배우가 있다.

키튼은 슬랩스틱 코미디가 전성기를 이루던 1920~1940년을 풍미했던 희극배우다. 그는 바람에 쓰러지게 집을 지어놓고 그 앞에 서서 강풍을 불러일으켰다. 집은 성냥갑 엎어지듯 키튼 위를 덮친다. 한참 후 먼지가 걷히고 나면 오징어가 되어있을 것 같은 그가 아무 일도 없었던 듯 멀뚱거리며 서있다. 사람들은 그의 목숨을 건 코미디에 어이가 없어서 웃었다.

김병만은 딱 그 두 사람의 중간지점에 있다. 어느 정도 무모하고 어느 정도 천재적이다. 나는 김병만이 앞으로 우리 한국 코미디사史의 한 페이지를 장식할 희극배우라 기대한다.
나는 지켜볼 것이다.

병만 속에 들어있는 셰익스피어기법

요즘 그가 만들어내는 웃음을 관찰해보면 성실과 노력 외에도 몇가지 특징을 발견한다. '달인' 코너에는 절묘한 '조화'의 미덕이 들어있다. 아시다시피 등장인물은 세 사람, 숏다리 달인과 뚱뚱보 진행자와 덜 떨어진 제자다. 그러나 그들이 만들어 내는 결과물은 절대 숏다리도 아니고 뚱뚱보도 아니며 덜 떨어지지도 않았다. 완벽한 조화를 이루어낸다. 마치 앞 못 보는 시각장애인과 말 못하는 소리 장애인이 함께 협력하여 길을 가듯이 그들은 절묘한 조화로 완성도 높은 코미디를 만들어낸다.

드라마나 코미디나 꼭 갈등이 존재한다. 갈등은 '달인' 코너에도 있다. 그들은 서로 돕기도 하고 각을 세우기도 한다. 칭찬도 하지만 비난하고 야유하기도 한다. 그러나 막장으로 흐르지 않는다. 상대를 비난할 때도 은근하다. 말도 은근하고 몸짓도 은근하다. 다른 개그 코너처럼 극대한 과장과 왜곡을 피해 저질 코미디나 막장 개그로 흐르지 않는다. 병만은 셰익스피어적 기법을 활용하고 있다.

셰익스피어의 명언이 있다. '풍자 할 땐 태우지 말고 그슬려라'
김병만의 개그가 한국의 많은 코미디와 다른 점은 태우지 않고 그슬리고 만다는 점이다. 병만은 진행자 류담이 무리한 요구를 하면 그의 뚱뚱함을 끌어들여 인신공격을 한다. 하지만 류담이 정색을 하고 나오면 얼른 꼬리를 내린다. 진행자 류담도 마찬가지다. 달인의 엉터리가 들통이 나더라도, 제자의 황당함을 마주치더라도 주먹으로 치지 않는다. 대본으로 툭 칠 뿐이다. 관객들은 그들의 그 은근함에 웃음보를 터뜨리고 박수를 보낸다.
절제의 미학이다.

이응진. 배우 김병만을 말하다

병만, 신을 속였나?

김병만의 코미디를 어떤 이는 '몸 개그'라 하기도 하고, 또 어떤 이는 '아크로바틱 슬랩스틱 코미디'라 부르기도 한다. 어떻게 칭하든 간에 병만은 새로운 개그를 창조했다. 한국의 코미디사史에 새로운 페이지를 열었다. 그런데 가혹하게도 그가 만들어낸 개그는 갈수록 힘들어지고 무모해져야 하는 개그다. 마치 그리스 신화의 시지프스 신세와 같다. 신들을 기만한 형벌로 바위덩어리를 산 정상으로 밀어 올리지만 굴러 내리고 마는 바위. 병만은 자신이 만든 개그를 산꼭대기로 밀어 올려야 한다. 관객들은 코너를 만들어 내기 위해 그가 감당한 고통과 인내의 덩어리, 흘린 땀과 눈물덩어리가 자신들에게까지 굴러 떨어진다고 느낄 때 환호성과 박수를 보낼 것이고 나처럼 우는 사람도 나올 것이다. 병만도 시지프스처럼 신을 속였는지 모른다. 그 죄 때문에 웃기는 재주를 넘어서 울리는 개그를 해야 하는 벌을 받은 시지프스 개그맨 김병만으로 태어난 팔자인지도 모르겠다.

나는 김병만이 앞으로도 10년, 20년, 50년 우리 곁에 있기를 희망한다. 그러기 위해선 관객의 몫도 있다. 매주 기묘한 재주를 바라면 가혹하다. 그것은 버스트 키튼도 채플린도 불가하다. 세상 어느 배우도 무대에 나올 때마다 별난 재주로 우리를 웃긴 이는 없다. 간혹은 병만이 성실하게 살아가고 있다는 것, 노력하고 있다는 것을 확인하는 것으로도 웃음을 보내주면 좋겠다.

병만에게도 바란다. 지금 겸손했듯이, 지금 성실했듯이, 늘 변치 않기를 바란다. 늘 관객을 자신의 무대 중심에 모시기를 바란다. 그것이 광대 정신이고 그것이 진정한 스타 의식이다. 나는 지켜볼 것이다.